EUROPAVERLAG

BEATRICE HERBOLD
KATRIN SACHSE

Geliebte Freundin

Meine geheimen Jahre mit Helmut Kohl

EUROPAVERLAG

In Dankbarkeit für meine Freunde und meine Co-Autorin Katrin Sachse

MIX
Papier aus verantwortungsvollen Quellen
FSC® C014889

Berlin · München · Zürich · Wien
Umschlaggestaltung: Hauptmann & Kompanie Werbeagentur, Zürich
unter Verwendung eines Fotos von © privat
Redaktion: Franz Leipold
Satz: Danai Afrati
Druck und Bindung: Pustet, Regensburg
ISBN 978-3-95890-288-6

www.europa-verlag.com

»Ich aber sage, das Schönste ist,
was einer liebt.«

Sappho
Griechische Dichterin (6. Jhd. v. Chr.)

Inhalt

Prolog

Am Morgen meiner Hochzeit quälte mich ein mulmiges Gefühl. Über der kleinen Kapelle bei Lembach hing dichter Nebel. Ein schlechtes Zeichen, denn Nebel am Hochzeitstag bedeute viel Streit in der Ehe, flüsterten sich die Verwandten meines Zukünftigen zu und schauten klagend gen Himmel. Auch wenn Onkel und Tanten versuchten, ihre kummervollen Mienen zu verbergen – ich bemerkte sie dennoch. Ebenso registrierte ich die vorwurfsvollen Blicke auf mein Hochzeitskleid. Das Dirndl aus edler Rohseide mit weißer Bluse und weißer Schürze kommentierten die Frauen meiner neuen Familie mit Kopfschütteln. Mein Gott, lila!, raunten sich die Auguren zu. Diese Farbe stehe für Unmoral und Sittenlosigkeit. Lila dürfe man nicht tragen. Nicht als Braut.

Frisch getraut und ausgestattet mit dem priesterlichen Segen, den nur eine großzügige Spende meines schon einmal geschiedenen Bräutigams ermöglicht hatte, schritten wir aus der Kapelle. Die Sonne schien, ich war glücklich. Mein Magengrummeln hatte sich verzogen. Ich war 26 Jahre alt, hatte einen gutaussehenden, erfolgreichen Berater geheiratet, 19 Jahre älter als ich an Lebenserfahrung und Weltläufigkeit. Ich fühlte mich geborgen und beschützt, endlich war ich nicht mehr allein auf der Welt. Nur meine Großmutter vermisste ich in an diesem 28.

September 1984, denn meine geliebte Oma war der einzige Mensch in meiner komplizierten Familie, der mir geblieben war. Doch sie war zu gebrechlich, um an meinem Hochzeitstag dabei zu sein und mich zu bewundern. Ihre schöne Enkelin an der Seite eines Mannes, der ihr gefallen hätte.

Nach unserem Festmahl im Restaurant Cheval Blanc in Niedersteinbach trat Madame Zinck, die berühmte Wirtin, an unsere Tafel. »Schade, dass Sie schon so früh abreisen«, sagte sie, »Sie hätten sonst einen ganz besonderen Gratulanten bekommen: Bundeskanzler Helmut Kohl ist heute auch noch unser Gast.« Unsere Gesellschaft, die sich müde gegessen und schläfrig getrunken hatte, erschien plötzlich hellwach. Wirklich, der Bundeskanzler persönlich? Was für ein großartiges Hochzeitsgeschenk, den müsst ihr unbedingt abwarten, Kinder! Denkt an das schöne Foto, das ihr euren Enkeln zeigen könnt!

Also warteten wir. Wir verschoben unsere geplante Abfahrt in das etwa 100 Kilometer entfernte Hotel, in dem wir eine Suite gebucht hatten, weil das Brautpaar keinesfalls mit seinen Gästen unter einem Dach übernachten dürfe. So jedenfalls forderte es der Familien-Aberglaube meines Mannes, dem ich mich widerwillig gebeugt hatte. Wir warteten und warteten. Immer wieder verzögerte ich unseren Aufbruch und überredete meinen Angetrauten, noch auszuharren, bis der Bundeskanzler kommt. Doch Kohl kam nicht. Als mein Mann und ich schließlich aufbrachen, war es schon spät, und es war fast dunkel. Wir kurvten über die kleinen Straßen im Elsass, zuckelten durch Dörfer, übersahen Wegweiser und verpassten Abzweigungen; weil es damals noch keine Mobiltelefone hab, konnten wir das Hotel nicht über unsere Verspätung informieren. Endlich kamen wir gegen 22 Uhr in unserem Traumhotel an – erschöpft, aber voller Vorfreude auf eine Flasche Champagner zu zweit und unser Luxusbett. Doch die Suite war belegt – vergeben an andere

Gäste. Keiner hatte mehr mit unserem Erscheinen gerechnet. Der Empfangschef war ratlos. Es tue ihm leid, versicherte er, aber leider sei das Hotel komplett ausgebucht. Nur noch ein ganz einfaches Zimmer sei frei, in dem oft Fahrer oder Dienstpersonal übernachteten – ausgestattet mit zwei über Eck stehenden Einzelbetten.

Mein Mann schleuderte sein Jackett über den einzigen Stuhl im Zimmer, dann entlud sich sein Zorn. »Daran bist nur du schuld«, schrie er. »Weil du unbedingt den Kohl sehen wolltest, verbringen wir unsere Hochzeitsnacht in dieser Abstellkammer.« Er stemmte sich mit aller Kraft gegen die Holzgestelle der Betten, die sich jedoch keinen Zentimeter verrücken ließen. Vor lauter Wut übersah er, dass die Möbelstücke im Boden verankert waren. Noch nie zuvor hatte ich meinen Mann so wütend erlebt.

Schweigend umklammerte ich meine Handtasche. Ich fühlte mich verloren. Während ich dem Tobsuchtsanfall meines Mannes zusah, erinnerte ich mich an eine Szene mit meiner Mutter. Damals war ich zehn Jahre alt, sie war 38 – kurz bevor sie starb. »Mein Liebes«, sagte sie damals zu mir und schaute mir zärtlich in die Augen, »in der Hochzeitsnacht wirst du den wahren Charakter deines Mannes kennenlernen. Denk an meine Worte, wenn es so weit ist«, sagte sie. Dann lachten wir beide. Sie zärtlich, ich kicherte aus Verlegenheit. 15 Jahre lang hatte ich nicht mehr an dieses Gespräch gedacht.

In unserer Hochzeitsnacht schliefen mein Ehemann und ich in getrennten Betten.

Unsere Gäste erzählten uns später, Helmut Kohl sei 15 Minuten nach unserer Abreise angekommen. Der Bundeskanzler sei sehr nett gewesen, berichteten sie begeistert. Und er habe sich geärgert, weil er die Braut verpasst hatte.

Kapitel 1

Rückt mal alle zusammen

»Lass uns Weihnachten in den Schnee fahren«, bettelte ich meinen Mann an. Er suchte nach Argumenten, die mich umstimmen würden. Es sei zu kalt, sagte er, außerdem sei Skifahren zu gefährlich. »Wie wäre es mit Marbella«, schlug er vor. »Oder mit St. Thomas in der Karibik oder vielleicht wieder nach Jamaika wie im Vorjahr?« Ich aber wollte endlich Weihnachten wieder einmal im Schnee erleben und meine kalten Hände nach dem Skifahren am Kamin wärmen. Ich setzte mich durch.

Auf der Autobahn nach Österreich fragte ich meinen Mann, welches Hotel er gebucht habe. »Das St. Georg in Bad Hofgastein«, antwortete er, »da macht der Bundeskanzler an Ostern immer seine Fastenkur.« In seiner Stimme schwang Stolz. »Ach, warum willst du ausgerechnet dort wohnen, wo der Kanzler Urlaub macht?«, fragte ich lachend. »Ich weiß, du magst ihn nicht«, entgegnete mein Mann vorwurfsvoll. Stimmt, dachte ich, weil er mir wie ein Elefant im Porzellanladen vorkommt. Ich wünschte mir einen anderen Kanzler: weltoffen, gutaussehend, charmant, Englisch sprechend. Mein Mann kannte meine Anforderungen an unser Regierungsoberhaupt. Diese Diskussion hatten wir schon dutzende Male geführt.

Wenige Monate später, an Ostern 1990, fuhren wir noch einmal ins Hotel St. Georg. Mein Mann hatte erneut Bad

Hofgastein als Urlaubsort ausgewählt. Ich fragte nicht warum, vermutete aber, er hoffte, Kohl zu begegnen. Der Bundeskanzler wäre eine Trophäe gewesen in seiner beeindruckenden Sammlung wichtiger und einflussreicher Menschen, die ihm berufliche Vorteile verschaffen könnten.

Als wir am Nachmittag in Bad Hofgastein ankamen, beschlossen wir, vor dem Abendessen in die Sauna zu gehen, um uns von der langen Reise zu erholen. Wir zogen die flauschigen Hotelbademäntel an, und mein Mann eilte voraus. Wenige Minuten später betrat auch ich den schlichten Vorraum zur Sauna. Altmodische Badeschlappen standen auf dem weiß gekachelten Fußboden, Handtücher hingen an Haken. »Da kannst du nicht rein«, flüsterte mein Mann. »Die Sauna ist voll, da passt keiner mehr rein.« Zielstrebig marschierte ich zum kleinen Guckloch, aber die Scheibe war beschlagen. Ich bin schlank, das geht schon noch, dachte ich, legte den Bademantel ab, drapierte mein Handtuch um meinen Leib und riss mit Schwung die Holztür auf. Mir schlug ein Schwall heißer Luft ins Gesicht, und Sekunden später durchfuhr mich ein Blitzschlag. Wie peinlich! Vor mir saß Helmut Kohl. Wie ein Berg hockte der Bundekanzler auf dem Holzrost. Der mächtige Bauch ruhte auf seinen Oberschenkeln. Ein Zipfel des Handtuches, auf dem er saß, lag über dem Knie, als könnte das Stückchen Frottee die Blöße des Staatsmannes bedecken.

»Kommen Sie rein, kommen Sie rein, junge Frau«, rief der Kanzler mir zu. Ich erwachte aus meiner Starre und anstatt die Tür von außen zu schließen, trat ich in die Hitze. »Rückt mal alle zusammen«, wies Kohl die Saunarunde an. Die aufgereihten nackten Männerkörper teilten sich, und neben Kohl öffnete sich eine Lücke. Kohls Hand tätschelte das Holz, wie ferngesteuert nahm ich Platz. Als ich saß, überkam mich eine Hitzewelle, die mir fast Übelkeit verursachte. In meiner Magengrube lag eine steinschwere Mischung aus Peinlichkeit, Unruhe, Lächerlichkeit und Hysterie. Noch nie in meinem Leben hatte ich mich derart entsetzlich gefühlt.

»Na, wo kommen Sie denn her«, unterbrach die Kanzlerstimme mein Elend.

»Aus Frankfurt, genauer gesagt aus Königstein im Taunus.« Ich antwortete wie ein Schulmädchen.

»Ach, 'ne Hessin. Das sind mir ja die Richtigen, das hätte ich mir denken können.«

»Wieso? Warum sagen Sie das so ironisch?«, quetschte ich heraus und hoffte, meine Stimme würde selbstbewusst klingen. Plötzlich blieb mein Blick am Guckloch in der Saunatür hängen. Glasklare Sicht! Durch das blitzblank geputzte Fensterchen konnte ich in den hell erleuchteten Vorraum schauen. Und da begriff ich, dass Helmut Kohl auf meinen Auftritt bestens vorbereitet war. Ich hatte mit aufgerissenen Augen in die Sauna gestarrt und nur milchigen Nebel gesehen – und er … oh, wie unangenehm!

»Ich kenne genug Hessen«, sagte Kohl und riss mich aus meiner erneuten Peinlichkeitswelle. »Denen geht es nur ums Geld und ums gute Essen. Ihnen sieht man das ja auch gleich an.«

»Entschuldigung«, sagte ich und strich über meinen flachen Bauch. »Glauben Sie, ich sei reich, nur weil in Königstein viele Millionäre leben? Ich kenne übrigens einen Hessen, den Sie auch gut kennen«, plapperte ich weiter. »Walther Leisler Kiep, den kenne ich von der Amerikanischen Handelskammer und der Atlantik-Brücke, und er freut sich immer, wenn er mich sieht.«

»Das glaube ich ihnen gern«, sagte Kohl süffisant. Einige seiner Begleiter lachten.

»Sie können ja mal eine Rede bei der Amerikanischen Handelskammer in Frankfurt halten. Da bin ich gespannt, was Sie dann zu den Hessen zu sagen haben«, schlug ich vor.

»Die haben mich noch nie eingeladen.«

»Das kann ich mir kaum vorstellen, aber ich lege gern ein gutes Wort für Sie ein.« Ich wurde mutiger, wagte aber nicht, meinen Nachbarn anzuschauen. Dennoch spürte ich, dass er schmunzelte.

»Was wollen Sie eigentlich in Hofgastein?«, wechselte Kohl auf einmal das Thema. »Wollen Sie etwa abnehmen? So dürr wie Sie sind, müssen Sie doch aufpassen, dass Sie beim Duschen nicht durch den Siphon rutschen.«

»Wenn ich die Arme ausbreite, minimiert sich das Risiko«, antwortete ich. Die nackte Saunarunde amüsierte sich. »Mein Mann und ich sind zum Skilaufen hier«, sagte ich, »abnehmen haben wir beide nicht nötig.«

»Liegt da oben denn noch Schnee«, wollte Kohl wissen? »Ecki, hast du gehört, da oben liegt Schnee.« Sein langjähriger Fahrer und Vertrauter, ein kleiner Mann mit einem runden Kopf, saß auf der unteren Stufe und drehte sich um. »Ecki, übermorgen fahren wir auf den Berg. Die Schneeraupe soll uns am Skilift abholen. Mach das mal klar!«

Mir war unerträglich heiß, der Schweiß rann mir in Strömen über Gesicht, Bauch und Rücken. »Ecki, mach mal einen Aufguss«, befahl Kohl plötzlich. »Obstler, Chef?«, fragte der. »Jawoll, die Hessen wissen doch nicht, was gut ist. Und bring dem Mädel ein nasses Handtuch fürs Gesicht. Nicht, dass die uns zusammenklappt.«

Die Hitze brannte wie ein Feuersturm auf meiner Haut. Ich presste die Augen zusammen, drückte das Handtuch gegen mein Gesicht und rang nach Luft. Keinesfalls wollte ich aufgeben. Nicht vor dem Bundeskanzler! Doch endlich erhob sich Kohl vom Holzrost und stapfte aus der Sauna – wie Gott ihn geschaffen hatte. Das schweißnasse Handtuch klemmte wie eine Aktentasche unter seinem Arm.

Zwei Stunden später stand ich im Restaurant und bewunderte das Dessertbuffet: Mousse au Chocolat, Apfelstrudel, Vanilleeis, Karamellcreme, Pannacotta. Außerdem gab es ein riesiges Angebot an Käsesorten. Ich lud gerade einige Stückchen auf meinen Teller, als ich hinter mir einen mächtigen Schatten spürte. »Das habe ich mir doch gedacht. Die verfressenen Hessen laden sich wieder die Bäuche voll«, hörte ich die mir bekannte Stimme. Ich drehte mich um und hielt Helmut Kohl triumphierend meinen Teller unter die Augen. »Sie sind ja nur neidisch, weil ich es mir erlauben kann und Sie nicht.« Kaum hatte ich den Satz ausgesprochen, wünschte ich mir, ich könnte meine Ungehörigkeit wieder einfangen. Kohl schien amüsiert. Er warf einen Blick auf das Paradies aus Süßspeisen und ging dann in die Stube, in dem die Fastengäste ihre klare Gemüsebrühe mit einem altbackenen Dinkelbrötchen serviert bekamen.

Nach dem Skifahren am nächsten Nachmittag wollten mein Mann und ich in die Sauna gehen. Auf dem Tisch in unserem Hotelzimmer lag wieder die kleine Notiz, die wir am Anreisetag übersehen hatten: Die Sauna ist in der Zeit von 16.00 bis 17.00 Uhr für Hotelgäste wegen privater Nutzung gesperrt, hieß es. Als ich Kohls Fahrer im Flur traf, fragte er, ob wir uns später in der Sauna sehen. »Für Hotelgäste ist die Sauna gesperrt«, klärte ich ihn auf. Ecki Seeber war erstaunt: »Was? Das haben wir nicht veranlasst, das würde der Chef niemals wollen.« Seitdem war der Verbotszettel verschwunden. An keinem Tag lag er mehr auf dem Zimmer.

* * *

Eine Gruppe dunkel gekleideter Männer stand in der Hotellobby. Wir schlängelten uns durch die Entourage des Kanzlers und strebten zum Aufzug. Mein Mann stand schon in der Lifttür, als sich Helmut Kohl aus der Mitte der Gruppe löste und auf mich zukam. Er gab mir die Hand. Ich war erstaunt, wie zart und weich sich diese große männliche Hand anfühlte. Mir schien, als sinke meine Hand in ein seidenes Kissen. Schüchtern erwiderte ich seinen Gruß und schaute ihm in die Augen. Unsere Blicke hielten aneinander fest, zum ersten Mal. Ein Gefühl der Vertrautheit und des Erkennens durchströmte mich. Diesen Mann kennst du, flüsterte mir meine innere Stimme zu – und meinte damit nicht den Staatsmann, dessen Fotos jeden Tag in Hunderten von Zeitungen abgedruckt waren. Fast täglich füllte der »Kanzler der Einheit«, wie er seit der deutschen Wiedervereinigung respektvoll genannt wurde, die Nachrichtensendungen. 1990 war Kohl auf dem Höhepunkt seiner Macht angelangt. Er war der unangefochtene Herrscher seiner Partei, der weltweit respektierte Staatsmann, und er war der umjubelte Bundeskanzler, der das gespaltene Land friedlich vereint hatte. Als er mir an jenem Nachmittag in Hofgastein seine Hand reichte, sah ich weder Ruhm noch Macht. Ich erkannte einen Seelenverwandten. Einen Mann, der mein Herz für Sekunden stillstehen ließ.

Es war ein sonniger Nachmittag. Noch im Skianzug lag ich auf der Sonnenterrasse, genoss die Stille und las. Plötzlich stand Kohl neben meiner Liege: »Was lesen Sie denn da?« Wortlos zeigte ich ihm das Cover des Buches mit der Aufforderung: Sorge dich nicht – lebe!

»Ach herrje«, sagte er, »dachte ich's mir doch. Kein politisches Buch, keine Biografie, nicht mal was Historisches!« »Dieser Carnegie ist ein Weltbestseller«, protestierte ich. »So ein Quatsch«, blaffte Kohl, als wolle er mich zu einem schlagfertigen Geplänkel herausfordern. »Wo haben Sie denn bitte Sorgen!« Ich schwieg – eine Reaktion, die er offensichtlich nicht erwartet hatte. Kohl schaute mich an, er schien die finsteren Gedanken hinter meiner Stirn zu erkennen. Ja, ich hatte Sorgen. Zwischen meinem Mann und mir kriselte es schon seit Langem. In unserer Hochzeitsnacht habe ich mich zum ersten Mal gefragt, ob ich die richtige Wahl getroffen hatte. Damals war es Ärger über sein respektloses, cholerisches Benehmen. Heute, sechs Jahre später, waren es Zweifel, ob ich meinen Mann noch liebe.

»Ecki, ich bleibe hier draußen. Bitte bring Frau Herbold und mir einen Tee.« Kohl schnappte sich einen Stuhl und zog ihn an meine Liege heran. Die Sicherheitsleute, die mir im Hotel bisher kaum aufgefallen waren, positionierten sich auf der Terrasse. Sie rückten Stühle zurecht und wachten an der Brüstung – der Abstand erschien mir groß genug, um uns ein Gefühl von Privatsphäre zu gewähren. »Morgen fahren wir hoch in den Schnee«, kündigte Kohl an. »Die Pistenraupe holt uns an der Bergstation ab und bringt uns bis zur Schlossalm.« Kohl erzählte von dem geplanten Ausflug, als handelte es sich um eine Expedition in den Himalaja. »Kommen Sie doch auch!«, sagte er plötzlich. »Ist schön da oben.« Ich musste lächeln. Natürlich wusste ich, dass es da oben schön ist. Ich fuhr ja jeden Tag auf den Gipfel.

Der Kanzler kam mit der Pistenraupe angebraust. Umringt von Bodyguards, dem Hauptmann von Salzburg und einigen österreichischen Polizeibeamten hangelte er sich in seinem altmodischen Mantel mühsam aus dem Ungetüm. Auch einige Hotelgäste hatten sich vor der Weitmoser Schlossalm eingefunden – unter ihnen stand auch Ecki Seeber, der sich wie immer dezent im Hintergrund hielt, aber dennoch jeden Schritt seines Chefs überwachte. Es war ein wunderschöner Tag: Der Himmel strahlte kobaltblau, der Schnee funkelte in der Sonne, und für Mitte April war es ungewöhnlich warm. Die bunte, von der klaren Bergluft berauschte Gesellschaft nahm an einem langen Holztisch auf der Terrasse Platz, Kohl bestellte ein Wasser und blinzelte in die Frühlingssonne. Er sah zufrieden aus.

»Ihr müsst euch alle eincremen«, sagte ein junger, blasser Mann aus Kohls Entourage. Er zog eine Tube Sonnencreme aus der Tasche und reichte sie mir. Ich drückte eine kleine fettige Cremewurst auf meine Hand und gab die Tube weiter. Alle – außer Kohl – folgten meinem Beispiel. Und dann begannen wir, die fettige Masse in unsere Gesichter zu schmieren. Doch das Zeug ließ sich kaum verteilen. Je mehr wir rieben und wischten, desto hartnäckiger klebte die Schmiere an der Haut. Wie weiße Wandfarbe füllte sie Poren und Fältchen. Einige versuchten, das Ganze mit einem Papiertaschentuch wieder abzuwischen. Doch dabei rissen kleine Zellstofffetzen ab, die wie die Federreste gerupfter Hühner auf der Haut kleben blieben. Wir begutachteten unsere kalkweißen Gesichter und lachten und lachten. Helmut Kohl war der Einzige, der manierlich aussah, weil er die Cremetube nicht angerührt hatte. Er lachte am lautesten. »Euch könnte man als Gespenster vermieten«, prustete er.

Dann kam der letzte Urlaubstag. »Was hältst du davon, wenn ich Helmut Kohl eine kleine Notiz hinterlasse und mich für die netten Gespräche bedanke?«, fragte ich meinen Mann. »Du meinst deine Gespräche mit ihm«, entgegnete er schmallippig. »Du hättest dich jederzeit mit ihm unterhalten können. Warum hast du das eigentlich nicht gemacht?«, fragte ich. »Das ergab sich nicht. Wenn du schreiben willst, dann lass mich da raus.«

Ich wollte mich verabschieden. Ich hatte unsere Begegnungen genossen und hätte es als unhöflich empfunden, ohne einen Gruß abzureisen. Also schrieb ich auf dem Briefpapier des Hotels mit meiner schönsten Handschrift folgende Zeilen:

Lieber Herr Bundeskanzler!
Es war sehr schön, Sie einmal persönlich kennenzulernen. Auf diesem Wege möchte ich mich recht herzlich für die schönen Gespräche, die wir geführt haben, bedanken. Es hat mich so gefreut, wie weltoffen

und unkompliziert Sie sind. So wie Sie im Fernsehen wirken, so sind Sie auch privat – authentisch. Wenn wir es einrichten können, kommen mein Mann und ich nächstes Jahr an Ostern wieder nach Hofgastein. Ich freue mich jetzt schon, Sie wiederzusehen, und wünsche Ihnen eine wunderbare Amtszeit mit weniger Stress und mehr Erholung.
Ihre Beatrice Herbold

Ich steckte den Brief in ein Kuvert, schrieb seinen Namen und den Vermerk »persönlich« darauf und hinterließ ihn an der Rezeption. Etwa eine Woche später lag zu Hause im Briefkasten Post aus dem Bundeskanzleramt – an mich adressiert. Feierlich trug ich den Umschlag zum Sofa, setzte mich und las die mit schwarzer Tinte geschriebene Anrede und den folgenden Schreibmaschinentext:

Liebe Frau Herbold,
es war mir eine Freude, Sie und Ihren Mann kennengelernt zu haben. Auch ich würde mich freuen, Sie nächstes Jahr in Hofgastein wiederzusehen. Ich wünsche Ihnen und Ihrem Mann ein angenehmes und erfolgreiches Jahr und verbleibe mit den allerbesten Wünschen
Ihr Helmut Kohl

Für mich war es beschlossene Sache: Ostern 1991 wieder in Hofgastein! Meinen Mann würde ich schon überzeugen.

Kapitel 2

Wie mich der Kanzler rettete

Auch im nächsten Jahr verbrachten mein Mann und ich Ostern in Hofgastein – so wie Stammgast Helmut Kohl, der natürlich sein strenges Fastenprogramm absolvierte. Wieder nahmen wir unsere Sauna-Gemeinschaft auf, wir setzten unsere Plänkeleien und netten Gespräche fort, zusammen mit anderen Hotelgästen saßen wir abends am runden Tisch, plauderten und lachten – und manchmal warfen wir uns flüchtige Blicke zu. Meine waren neugierig und schüchtern, seine vorsichtig.

»Warum fasten Sie eigentlich, Herr Bundeskanzler. Wollen Sie abnehmen?«, fragte ich ihn an einem Abend, als wir uns auf dem Weg zum Speisesaal begegneten. Er steuerte in Richtung altbackenes Dinkelbrötchen und Fencheltee, ich dagegen freute mich auf ein Dreigänge-Menü und ein Gläschen Wein. »Natürlich sollte ich abnehmen«, antwortete Kohl, »mein Arzt ermahnt mich ständig, aber Fasten bedeutet für mich, einen klaren Kopf zu bekommen. Es ist erstaunlich, wie leicht sich der Geist anfühlt, wenn man den Körper von all dem köstlichen Essen befreit, das Sie hier jeden Abend verdrücken.« Dieses Mal frotzelte er nicht, seine Antwort klang ernst. »Aber der Hunger muss doch unerträglich sein. Wie halten Sie das denn aus?«, entgegnete ich. »Ach was, die ersten paar Tage grummelt und zwickt es im Magen, und manche bekommen Kopfschmerzen vom

Kaffeeentzug, aber mit ein bisschen Disziplin hat man das Tief schnell überwunden«, sagte Kohl. »Probieren Sie es aus, ich verspreche Ihnen, dass Sie begeistert sein werden.«

Noch während ich mit meinem Mann beim Essen saß und ein Gang nach dem anderen serviert wurde, reifte in mir der Entschluss, diesen Rat umzusetzen. Wenn der Kanzler, der offensichtlich gern und viel isst, eine Woche nur von Tee und Gemüsebrühe lebt, kann ich das auch, ermutigte ich mich. »Lass uns doch mal zu Hause eine Woche fasten«, schlug ich meinem Mann vor, als er sein Steak mit einer sahnigen Pfeffersoße übergoss. »Hat der Kohl dich jetzt angesteckt mit dem Blödsinn?« Mein Mann schüttelte den Kopf und aß weiter. Das Thema war für ihn erledigt. Wir schwiegen. Wir redeten den Rest des Tages kein Wort mehr miteinander.

Am nächsten Morgen stand ich früh auf. Der Sonnenaufgang und ein unruhiger Traum hatten mich geweckt. Ich zog mir ein paar warme Sachen über und ließ die Tür unseres Hotelzimmers geräuschlos im Schloss einrasten. Ich hatte keine Lust, neben meinem Mann aufzuwachen und so zu tun, als sei alles in Ordnung. Ich wollte allein sein, die kühle Morgenluft genießen, nachdenken und durchatmen. Als ich das Hotel verließ, fuhr ein Fernseh-Übertragungswagen vor. Dann kommt heute wohl Hannelore Kohl, dachte ich. Schon im vergangenen Jahr hatte ich den kurzen Besuch bei ihrem fastenden Ehemann erlebt. Nein, ich hatte ihn nur aus der Ferne beobachtet. Sie kam, blieb zwei Nächte und reiste dann wieder ab. Auch damals hatte ein Fernsehteam ein paar Szenen gedreht: Helmut Kohl und seine Frau Hannelore ganz entspannt zu zweit im Osterurlaub in Bad Hofgastein. Die Bilder hatte ich im Fernsehen gesehen.

Das Gerücht über den hohen Besuch machte schnell die Runde. Einige Hotelgäste, vor allem die weiblichen, änderten ihr Tagesprogramm. Sie wollten den Auftritt der Kanzlergattin, die man so selten in der Öffentlichkeit sah, nicht verpassen. Auch ich war neugierig. Ich war dieser Frau noch nie begegnet. Und Helmut Kohl auf seine Ehefrau anzusprechen, hatte ich bisher nicht gewagt.

Und dann kam sie wirklich. Hannelore wurde in einer schwarzen Limousine vorgefahren, der Fahrer öffnete die Tür des Wagens, und die Kanzlergattin stieg aus. Sie sah unglaublich perfekt aus. Das Kostüm saß makellos an ihrem Körper, selbst nach der mehrstündigen Autofahrt trübte keine einzige Falte die Frische ihrer Erscheinung. Hannelore Kohl trug eine weiße Bluse mit einem dramatisch wirkenden, gerollten Kragen. An ihrem Blazer glänzte eine goldene Brosche, die zu den Perlen-Ohrringen passte. Doch besonders faszinierten mich die Haare. Die Frisur schien wie ein güldener Schutzhelm auf ihrem Kopf zu sitzen. Jedem einzelnen Haar war scheinbar ein fester, unverrückbarer Platz zugewiesen.

Helmut Kohl erschien in seiner geliebten Strickjacke auf den Eingangsstufen, um seine Frau zu begrüßen. Er schritt auf sie zu, umarmte sie kurz und sagte etwas, das ich nicht verstehen konnte. Dann begleitete er seine Frau ins Hotel. Ganz der große Machtpolitiker, der Publikum gewöhnt ist und die Gesten öffentlicher Auftritte versteht, bot er ihr galant seinen Arm an und lächelte in die Menschentraube, die sich inzwischen vor dem Hotel angesammelt hatte. Schaut her, meine Frau besucht mich, meine Ehe ist in Ordnung, schien dieser Auftritt sagen zu wollen. Ich stand an der Rezeption und beobachtete die Szene. Ich versuchte, ohne Emotionen zuzuschauen.

Als Helmut Kohl mich sah, blieb er stehen – mit seiner Frau im Arm. »Ach, Frau Herbold«, sagte er, als sei er erstaunt, mich hier zu sehen. »Darf ich dir eine gute Skifahrerin vorstellen, Hannelore.« Er schob seine Frau in meine Richtung und sagte: »Frau Herbold und ihr Mann kommen aus Frankfurt. Sie sind auch Stammgäste im Hotel.« Die Kanzlergattin lächelte mich freundlich an. Wir gaben uns die Hand und tauschten ein paar Nettigkeiten aus. Sie verbringe ein paar Tage mit ihrer Freundin am Tegernsee, sagte sie, das sei ja nicht so weit entfernt von Österreich.

* * *

Einige Wochen nach unserem Osterurlaub nahm ich in Frankfurt an der Jahresversammlung der Amerikanischen Handelskammer teil. Hans-Dietrich Genscher, der damalige Außenminister, trat als Gastredner auf. Nach seinem Vortrag eilte er durch den Saal Richtung Ausgang; ich sprang von meinem Stuhl auf und strebte auf ihn zu. Alle Blicke richteten sich auf mich, Genschers Sicherheitsmänner fixierten mich mit finsteren Blicken und schlossen den Kreis um den Minister enger. Aber Genscher sah mir freundlich entgegen, offenbar erwartete er, ich wolle ihn um ein Autogramm bitten. »Lieber Herr Minister, Sie haben eine wunderbare Rede gehalten«, begann ich meine Charmeoffensive. Er strahlte: »Ach ja, hat es Ihnen gefallen«? »Sehr sogar«, antwortete ich und kam zum Punkt: »Ich habe eine große Bitte. Wären Sie so freundlich und würden unserem Bundeskanzler diesen Brief von mir übergeben? Sie würden mir einen riesen Gefallen tun.« Ich schenkte ihm mein verführerischstes Lächeln. Genscher brummte ein paar unverständliche Worte, griff nach dem Brief und steckte ihn in die Innentasche seines Jacketts.

Es dauerte nur wenige Tage, da klingelte das Telefon in unserem Haus im Taunus. »Kanzleramt, Büro des Bundeskanzlers«, meldete sich eine Frauenstimme. »Der Bundeskanzler würde Sie gern sprechen.« Es machte klick in der Leitung, und dann hörte ich die vertraute Stimme: »Frau Herbold, wie geht es Ihnen?«

»Äh hallo, ja, hallo Herr Bundeskanzler, hallo, ja, was für eine Überraschung!« Wieso, um Himmels willen, konnte ich keinen klaren Satz formulieren!

Er habe sich sehr über meine Zeilen gefreut, sagte Kohl, und er sei begeistert, dass ich tatsächlich das Fasten ausprobiert habe. »Zu Hause fasten ist ja nicht so einfach. Da braucht man Durchhaltevermögen und Standhaftigkeit. Hat Ihr Mann mitgemacht, und hatten Sie ärztliche Betreuung während der Zeit?«

Mir sei es gut gegangen, erzählte ich und wiederholte, was ich schon im Brief geschrieben hatte, den der Bundesaußenminister tatsächlich übergeben hatte. »Mein Mann hält nichts vom Fasten, ich habe sogar abends für ihn gekocht«, berichtete ich stolz. »Alle Achtung, dann sind Sie ja jetzt ein Fastianer.« Er lachte laut durchs Telefon.

»Wie ist es Ihnen denn nun ergangen?«, hakte er nach. »Ehrlich gesagt, habe ich furchtbar gestunken. Mein Mann konnte mich nicht mehr ertragen, er ist ins Gästezimmer gezogen.« Mein Gott, schoss es mir durch den Kopf, was rede ich eigentlich! Warum erzähle ich dem Kanzler der Einheit so ein unwichtiges, dummes Zeug?

»Das ist normal.« Kohl schien sich aufrichtig für das Thema zu interessieren. »Der Mief muss raus. Im Darm sammelt sich über die Jahre viel Unrat an, das muss alles raus.«

Auch wenn ich spürte, dass Kohl echtes Interesse an meinem Fasten-Abenteuer zeigte – ich wollte dem mächtigsten Mann Deutschlands nicht die Zeit stehlen mit Erzählungen über meinen Darm. »Ich will Sie nicht länger langweilen«, sagte ich. »Ich hoffe, Herr Dr. Genscher hat es mir nicht übelgenommen, dass ich ihn als Postboten missbraucht habe.«

Kohl lachte: »Naja, er war etwas irritiert und wollte genau wissen, wer Sie sind. So etwas ist ihm wahrscheinlich noch nie passiert.« Und dann sagte Kohl: »In Zukunft können Sie mich direkt im Bundeskanzleramt anrufen. Oder Sie schreiben mir. Die Post kommt auf meinen Schreibtisch, ich beantworte auch alle Briefe.«

Alle? War das ein Angebot eines volksnahen Kanzlers oder eines interessierten Mannes? »Ja, alle«, sagte Kohl. »Ich habe fähige Leute um mich herum, die erledigen den größten Teil. Die wichtigsten Briefe beantworte ich selbst.« Zu denen gehöre ich, dachte ich und spürte eine Anwandlung von Stolz in meiner Brust. Nachdem wir das Gespräch beendet hatten, blieb ich eine Weile nachdenklich neben dem Telefon sitzen. Sollte ich meine Freundin anrufen und ihr von Kohl erzählen – so wie wir uns immer alles erzählten? Nein, lieber nicht, beschloss ich – und wunderte mich über meine Entscheidung.

* * *

Es dauerte nicht lang, da nahm ich sein Angebot an. Ich wählte 0228, die Bonner Vorwahl, und dann die Telefonnummer, die Helmut Kohl mir gegeben hatte. Schließlich landete ich bei Juliane Weber im Vorzimmer des Bundeskanzlers. Sorgfältig hatte ich mir zurechtgelegt, was ich sagen würde, um zu Helmut Kohl durchgestellt zu werden. Aber kaum hatte ich meinen Namen genannt, sagte Juliane Weber freundlich: »Einen Augenblick, Frau Herbold. Ich schaue, ob ich Sie durchstellen kann.«

»Schau an, meine Hessin, welch Überraschung!« Kohls Stimme klang gut gelaunt. Wir plauderten ein bisschen, und dann rückte ich mit dem Grund meines Anrufs heraus.

Bei der Bundesanstalt für Arbeit in Nürnberg hatte ich eine Lizenz für die Gründung einer Agentur beantragt. Ich wollte endlich unabhängig werden von meinem Mann, ihn nicht mehr für einen Hungerlohn von Termin zu Termin chauffieren, sondern mein eigenes Geld verdienen – richtiges Geld. Und ich hatte auch eine Idee: die Gründung einer Agentur für die Vermittlung internationaler Models, so wie Eileen Ford, die berühmte New Yorker Agentin.

Dem Nürnberger Beamten hatte ich kein Konzept vorgelegt, sondern nur meine Visitenkarte. Ich könne doch nicht einfach hier aufkreuzen, so kurz vor der Mittagspause, und eine Lizenz verlangen. Ohne Konzept, ohne Unterlagen, erklärte er mir mit strenger Miene, gehe gar nichts. Außerdem müsse ich wissen, dass man bis zu einem Jahr auf so eine wertvolle Lizenz warten müsse, das gehe nicht so hopplahopp, wie ich mir das vorstelle.

Ein Konzept zu schreiben sollte kein Hindernis sein, überlegte ich. Mein damaliger Trumpf im Ärmel war meine Freundin Nicole, die mir eine Kennerin der Szene zu sein schien; immerhin war sie 1988 zur »Miss Germany« gewählt worden und 1989 hatte sie den zweiten Platz bei der »Miss World«-Wahl belegt.

Ein paar Wochen später rief mich der freundliche Beamte an und teilte mir mit, ich werde eine Lizenz erhalten. »Frankfurt One!« sollte meine Agentur heißen, beschloss ich. »One« im Firmenname hatte damals noch niemand, ich war vermutlich die Erste mit dieser Idee – also ließ ich Briefpapier, Umschläge, Visitenkarten und Modelbücher drucken. Ich bezog mein Büro in Königstein in der renovierten Remise auf dem Firmengelände meines Mannes und feierte unseren Firmenstart mit einem Fest.

Einige Tage später klingelte erneut das Telefon, und der nette Beamte ließ mich wissen, er habe schlechte Nachrichten. Jemand habe mich angezeigt, weil ich ohne Erlaubnis bereits Models vermittelt hätte. Das sei strengstens verboten. Die Behörde müsse dem nachgehen. So lange – und das könne durchaus ein Jahr dauern – entziehe er mir die Lizenz. Ich war verzweifelt, schließlich musste ich meine Angestellte bezahlen und für Miete, Strom, Wasser und die Rechnungen für meine Druckaufträge aufkommen. Der Entzug der Lizenz würde für mich die sichere Pleite bedeuten, bevor ich überhaupt das erste Honorar eingenommen hatte.

Ich hatte schlaflose Nächte. Ich war wütend. Und ich war nicht bereit, so schnell aufzugeben.

Also fasste ich einen Entschluss, der mich retten sollte. Schließlich kannte ich den Bundeskanzler! Seit drei Jahren traf ich ihn jedes Ostern, ich lachte, saunierte, fastete und flirtete mit ihm. Das letzte Mal hatte ich ihm sogar von meinen Plänen erzählt, mich selbstständig zu machen. Ich werde im Kanzleramt anrufen, beschloss ich trotzig. Er hat doch deutlich gesagt, ich solle ihn anrufen oder ihm schreiben. Der Kanzler war meine letzte Hoffnung.

»Haben Sie eigentlich die Lizenz für Ihre Modelagentur bekommen?«, fragte mich Helmut Kohl plötzlich, nachdem wir am Telefon darüber geplaudert hatten, wie lange wir es dieses Mal nach dem Fasten ohne Schokoladenkuchen ausgehalten hatten. »Sie erinnern sich?« Ich schöpfte Mut. »Ja, natürlich. Ich habe Ihnen doch gesagt, dass ich mir das gut vorstellen kann – Sie als Chefin dieser Agentur.«

»Herr Bundeskanzler, ich rufe Sie an, weil ich nicht mehr weiterweiß«, gestand ich. Und dann schüttete ich ihm mein Herz aus. Ich berichtete ihm von meinen Sorgen, der fiesen Anzeige, von meiner Geldnot und dem Verlust der Lizenz, die mir gerade erst erteilt worden war.

»Ich wollte schon lange das Gesetz ändern«, sagte Kohl fast ärgerlich. »Es kann doch nicht sein, dass die Anstalt Mannequins verwaltet und deshalb die Lizenzen so spärlich vergeben werden. Ich kümmere mich. Ich ändere das Gesetz, das muss so werden wie in Frankreich«, betonte er – mein privates Problem avancierte auf einmal zur politischen Chefsache.

Drei Tage nach diesem Telefonat rief der Beamte erneut bei mir an: »Frau Herbold, Sie haben ja einflussreiche Freunde! Ihre Lizenz ist wieder in Kraft.«

Ich war die vorletzte Modelagentin in Deutschland, die diese Lizenzerteilung erhalten hat. Danach wurde die Regelung außer Kraft gesetzt. Es gab ein neues Gesetz.

Kapitel 3

Der erste Kuss

Mein Mann und ich steckten in einer tiefen, schmerzhaften Ehekrise. Ich hatte ihm immer gesagt, wie ich mir mein Leben vorstellte: zwei oder drei Kinder, ein schönes Heim, einen Mann, den ich liebe und unterstützen kann. Mehr wollte ich nicht. All das, was er für erstrebenswert und glücklich-machend hielt, interessierte mich nicht. Ich brauchte kein Auto mit V12-Motor, ich musste nicht in den Suiten der teuersten Hotels der Welt wohnen oder mit der Concorde mal schnell nach New York düsen. Auch Gala-Abende und Einladungen zu eleganten Empfängen waren mir nicht wichtig. Ich wollte Liebe und das Glück einer Familie – mehr nicht. Doch leider war es uns nicht vergönnt, Kinder zu bekommen.

Anfang 1994 hatte ich mich innerlich von meiner Ehe verabschiedet. Noch lebten mein Mann und ich gemeinsam unter einem Dach, aber wir sprachen nur noch das Nötigste miteinander. Jeder kam und ging, wann er wollte. Vorsorglich hatte ich mir bereits Rat bei einem Anwalt gesucht, um mich auf eine Scheidung vorzubereiten. Das unvermeidlich kommende Ende meiner Ehe erfüllte mich dennoch mit Bitternis. Mit 35 wieder Single zu sein erschien mir eine trostlose Zukunftsaussicht.

Also versuchte ich, an den schönen Ritualen meines Lebens festzuhalten – und dazu gehörte Ostern im Hotel St. Georg in

Hofgastein. Schon im Jahr zuvor hatte ich meine Skiferien in eine Fastenkur verwandelt. So wie Helmut Kohl begnügte ich mich nun eine Woche lang mit dem kargen Menü, das in der Stube für die gesundheitsbewussten Gäste aufgetischt wurde. 1994 war bereits mein vierter Urlaub an diesem Ort. Und weil ich keine Lust hatte, allein nach Österreich zu fahren, nahm ich eine Freundin mit, eine Journalistin von der *Frankfurter Allgemeinen Zeitung*.

Als wir nach einer langen Autofahrt am Hotel eintrafen, rieselte ein Glücksschauer durch mein Herz. Ich sah die gepanzerte Mercedes-Limousine stehen, ein Polizeifahrzeug parkte in der Nähe, an der Eingangstreppe standen Männer und rauchten. Ich kannte deren Gesichter, sie gehörten zum Kanzlertross.

Beim Einchecken hörte ich im Hintergrund die Stimme des Bundeskanzlers. Ich drehte mich um und sah, wie Helmut Kohl mit seinen schweren Schritten die Lobby durchquerte. Er trug eine Cordhose in einem seltsamen Braunton, eine Strickjacke mit großen Knöpfen und riesige schwarze Schuhe mit angegossenen Gummisohlen. Ein Jahr lang hatte ich ihn nicht gesehen. In diesem Moment spürte ich, wie sehr ich diesen Mann vermisst hatte.

»Ja, Frau Herbold, wie schön, dass die Hessen wieder da sind«, sagte Kohl und streckte mir seine Hand entgegen. Ich legte meine in seine – nein, ich hatte nicht vergessen, wie weich und zart sich seine Hand anfühlte. Diese Erinnerung hatte mein Gedächtnis wie eine wertvolle, geheime Information gespeichert. Endlich legte sich Realität über all meine Erinnerungen, die ich in den vergangenen Monaten sorgsam gehütet hatte. Sieben Tage lang würde ich hier sein. In der Nähe dieses faszinierenden Mannes. Sieben lange, unbeschwerte und lebensleichte Tage. Der erste hatte gerade erst begonnen.

»Darf ich Ihnen meine Freundin vorstellen, Herr Bundeskanzler«, sagte ich und drehte mich um. Sabine stand einige Meter hinter mir und hatte unsere Begrüßung genau beobachtet. Ich sah ihr an, dass sie sauer war. »Ah, Sie sind dieses Jahr mit Freundin hier, nicht mit Ihrem Mann«, sagte Kohl – und es klang sachlich wie die Feststellung, dass heute Samstag und nicht Montag ist. Nach einem kurzen Handschlag und ein paar knappen, freundlichen Worten bedeutete Kohl mit einer Chef-Geste, dass sich seine Begleiter in Bewegung setzen sollen. »Ich muss an die frische Luft und meinen Spaziergang absolvieren«, meinte er. »Anordnung vom Arzt, sonst gibt's heute kein hartgekochtes Ei zur Belohnung.« Kohl lachte und schaute mir verschwörerisch in die Augen. »Ich freue mich, dass Sie da sind«, sagte ich. Oder wollte ich sagen. Ich glaube, ich flüsterte diesen Satz. Gehört hat ihn sicher niemand. Auch Kohl nicht. Glaube ich jedenfalls.

Wir schnappten unsere Zimmerschlüssel und Handtaschen. »Komm mit«, rief ich meiner Freundin voller Vorfreude zu. »Ich kenne mich hier aus. Unser Gepäck ist sicher schon auf den Zimmern.« Schweigend folgte sie mir zum Aufzug. Als sich die glänzenden Türen geschlossen hatten und wir allein waren, sagte Sabine: »Was sollte das eben?« Ich schaute sie fragend an. »Was war denn das für ein bizarres Schauspiel? Warum strahlt dich der Bundeskanzler so dämlich an?« Ich fühlte mich ertappt und spielte die Ahnungslose: »Weiß nicht, was du meinst. Er ist ein freundlicher Mensch, wir haben uns hier schon mal getroffen, und er hat mich wiedererkannt – das ist alles.« Freundinnen lassen sich selten täuschen – jedenfalls nicht, wenn es um Männer geht. »Ach ja, und da bist du dir ganz sicher?«, spottete Sabine. Ihr gemeines Lästerlachen hagelte gegen die Wände der Aufzugskabine.

* * *

Die Terrasse war mein Lieblingsplatz, wenn am Nachmittag die Sonne schien. Ich fastete und spürte in den ersten Tagen wenig Lust, mich zu bewegen. Mein Körper hatte auf Sparmodus geschaltet. Am liebsten lag ich auf der Liege, eingepackt in eine warme Decke, mein Buch und den Entschlackungstee in Reichweite. Ich las ein paar Zeilen, dann schlief ich ein, las wieder, schaute in den Himmel, schlief wieder ein.

Als ich die Augen aufschlug, saß Helmut Kohl neben mir. Er hatte sich einen Stuhl geholt und sich neben meiner Liege positioniert. »Haben Sie was Schönes geträumt?«, fragte er und lächelte mich an. »Puh, äh, ich weiß nicht.« Ich hatte so tief geschlafen. »Wie lange sitzen Sie schon hier und beobachten mich?« Ich mochte den Gedanken nicht, im Schlaf fixiert zu werden. »Ich beobachte Sie nicht, ich beschütze Sie«, sagte Kohl. »Aber dafür haben Sie doch ihre Leute«, konterte ich. Mit meiner Schlagfertigkeit rettete ich mich wieder auf sicheres Terrain – wie so oft.

Wir plauderten, wie wir es immer taten. Wir redeten über die Kräutertees, die wir literweise tranken und nicht mochten. Wir berieten über Spaziergänge und die besten Saunazeiten, tauschten Erfahrungen und die Empfehlungen der Fastenspezialisten aus und erzählten uns, von welchen verbotenen Süßspeisen wir träumten. »Ich bestelle mir zuerst einen Germknödel mit Vanillesoße«, fantasierte ich. »Und ich Schokoladenkuchen«, entgegnete Kohl.

»Erzählen Sie doch mal was von Ihrem Leben!«, wechselte ich abrupt und todesmutig das Thema. »Was wollen Sie denn wissen?«, fragte Kohl. Wissen wollte ich vieles: Wie es im Kanzleramt aussieht. Ob er in Bonn eine Wohnung hat. Wie oft er zu Hause in Oggersheim bei seiner Familie ist. Ob er seine Frau

Hannelore liebt. Was seine Söhne machen. Ob er sie oft besucht. Ob er glücklich ist.

Kohl schaute mich mit ernstem Blick an. Es dauerte eine Weile, bis er anfing zu reden. Doch dann erzählte er von Bonn, dem damaligen Regierungssitz Deutschlands, dass er während der Woche im Kanzlerbungalow wohne und sich im hinteren Trakt des Hauses die privaten Räume für seine Frau und ihn befinden. Seine Frau komme allerdings selten nach Bonn, also verbringe er die Abende meist allein. Er arbeite sehr lang, mache sich abends manchmal Spiegeleier mit Bratkartoffeln, gehe dann ins Bett und stehe sehr früh am Morgen wieder auf. Den Kanzlerbungalow finde er ungemütlich, erzählte Kohl. Die Räume seien zu eng und viel zu dunkel. Seine Frau habe einige Sachen verändert und versucht, die privaten Räume schöner zu gestalten, aber da lasse sich nicht viel retten. »Ich mag das ganze furchtbare Bauwerk nicht«, schimpfte Kohl. Nur der Blick in den Park sei wundervoll, den genieße er sehr.

»Haben Sie bei Amtsübergabe eigentlich einen Koffer mit allen Geheimnissen überreicht bekommen, so wie es immer über den amerikanischen Präsidenten erzählt wird?« Ich mochte seine Erzählungen, ich hörte gern seine warme Stimme. Ich wollte, dass er weiterredet, deshalb schob ich sofort die nächste Frage nach: »Und wie hat sich Ihr Leben geändert, seitdem Sie Bundeskanzler sind?«

»Ich darf nicht mehr Auto fahren«, antwortete Kohl, ohne eine Sekunde nachzudenken. »Ist das schlimm?«, hakte ich nach. »Nicht schlimm, aber ich vermisse es, selbst am Steuer zu sitzen. Ich fahre gern Auto.« Er erzählte, dass er als Beifahrer lieber vorn sitze, weil da mehr Platz für seine Beine sei. Er arbeite gern im Auto, während Ecki ihn durch Deutschland kutschiere, sagte er. Da habe er Ruhe; keine Besprechungen, keine Akten, und früher, als es noch keine Mobiltelefone gab, auch keine Anrufe. Auf Autofahrten könne er am besten nachdenken.

»Warten Sie einen Augenblick!« Ich sprang von meiner Liege auf. »Können Sie bitte kurz warten, ich muss etwas holen. Geht ganz schnell.« Kohl schaute mich verwundert an – sein Lächeln gefiel mir. Ich lief in mein Zimmer und war wenige Minuten später wieder auf der Terrasse. Wie ein Denkmal saß Kohl neben meiner Liege. Feierlich übergab ich ihm ein kleines Päckchen. Ich hatte mir Mühe gegeben, schönes Geschenkpapier ausgesucht und eine farbig passende Seidenschleife gebunden. Dutzende Male hatte ich mir in den vergangenen Tagen die Geschenkübergabe vorgestellt. Wann ich es übergeben könnte. Und wie. Und wo.

»Herzlichen Glückwunsch zum Geburtstag!«, sagte ich und hätte ihn am liebsten umarmt. »Das wissen Sie?« Kohl schaute mich mit seinen sanften Augen an. »Ja klar. Heute ist der 3. April. Sie werden heute 64 Jahre alt – von Herzen alles Gute!«

Er betrachtete mein Päckchen, das er mit beiden Händen festhielt. »Haben Sie das so schön eingepackt?« Ich drehte mich nervös um und fragte mich, ob uns jemand beobachtete. Schaute uns etwa jemand zu? Weit und breit war keine Menschenseele zu sehen, wir waren allein. »Jetzt packen Sie es doch aus«, drängte ich. Ich war aufgeregt, ich hatte in Frankfurt sämtliche Geschäfte in der Goethestraße abgeklappert, um genau dieses Stück zu finden. Jetzt wollte ich endlich wissen, ob es ihm gefiel. Kohl zog an den Schleifenenden, faltete das Papier sorgfältig auseinander und öffnete die längliche, flache Schachtel. Er griff nach der blauen Krawatte und hob sie andächtig aus der Box. Ich beobachtete ihn mit bangem Gefühl. »Das sind Bären. Die tragen Anzüge«, erklärte ich das Offensichtliche. »Das sehe ich«, sagte Kohl belustigt. »Und warum Bären? Sehen Sie mich so?« Ich nickte. Ja, genauso sah ich ihn; als einen Mann mit bärenhafter Gestalt und den schönsten braunen Teddybär-Knopfaugen, die ich je gesehen hatte. »Vielen Dank, Frau Herbold«, sagte Kohl. »Ich verspreche Ihnen, dass ich die tragen werde. Und wenn Sie Fotos von mir mit dieser Krawatte sehen, dann wissen Sie, dass ich an Sie denke.«

So war es dann auch. Jahrelang trug Helmut Kohl immer wieder mein Geschenk, mein erstes für ihn. Und jedes Mal, wenn ich auf einem Zeitungsfoto oder in der »Tagesschau« meine Bärchen auf seinem weißen Hemd sah, erinnerte ich mich an seinen Geburtstag in Hofgastein. Es war der erste, den wir mit einem Moment der Zweisamkeit auf der Hotelterrasse gemeinsam gefeiert hatten. Für mich war das der Augenblick, in dem ich begriff, dass sich die Dinge nicht aufhalten lassen würden. Ich wusste, dass ich sie nicht aufhalten wollte.

* * *

Ich hörte seine schweren Schritte auf dem Flur und ein leises Klopfen an meiner Tür. Häufig war das Kohls Zeichen, dass er sich Richtung Sauna aufmachte. Unsere Zimmer lagen im gleichen Stockwerk des Hotels: sein Trakt rechts vom Fahrstuhl; dort war auch für Ecki Seeber ein Zimmer gebucht, darauf folgten ein Zimmer für Hannelore Kohl, das meist leer stand, ein weiteres, das als provisorisches Büro fungierte, und die Kanzler-Suite. Auf der linken Seite des Fahrstuhls befand sich mein Zimmer.

Das geheime Klopfzeichen ließ mein Herz hüpfen wie gekonnt aus dem Handgelenk geworfene Steinchen, die über einen glatten See flitzen. Eilig zog ich meinen Bademantel über und machte mich auf den Weg ins Untergeschoss. Wie immer hatte sich der Saunakreis eingefunden, zu dem auch ein paar Hotelgäste zählten. Diese Nachmittage folgten einem Ritual:

Kohl absolvierte drei Saunagänge, ich meist nur zwei. Bevor Ecki Seeber seinen berüchtigten Schnaps-Aufguss zelebrierte, flüchtete ich. Ich legte mich in den Ruheraum und wartete, bis die dampfenden nackten Leiber aus der Hitzehölle stürmten, um ihre brennende Haut unter der kalten Dusche zu löschen.

An diesem Nachmittag löste sich Runde schneller auf als gewöhnlich. Kohl ließ sich Zeit. Er trocknete sich in Zeitlupentempo ab, dann suchte er seinen Bademantel, setzte sich ein paar Minuten hin, hielt umständlich Ausschau nach seinen Schuhen, vermisste angeblich den Zimmerschlüssel. »Geht ruhig schon los, wir sehen uns später«, rief er seinen Freunden zu. Schließlich waren nur noch Ecki, er und ich im Saunabereich. Zu dritt schlenderten wir Richtung Aufzug. Plötzlich fehlte auch Ecki. Er hatte sich lautlos verzogen.

Die Lifttüren öffneten sich, und wir stiegen in die enge Kabine. Mein Herz donnerte wie ein Trommelwirbel. Atmen, befahl ich mir. Atmen! Atmen! Plötzlich griff meine Hand nach seiner, ich umschloss sein Handgelenk. Ohne Widerstand ließ er mich seinen Arm zu meinem Gesicht führen. Ich schloss die Augen und schmiegte meine Wange in seine zarte Handinnenfläche. Dann riss mich Helmut Kohl an sich. Er umschlang mich mit beiden Armen und presste mich mit sanftem Druck an seinen hitzigen, gewaltigen Körper. Ich hob mein Gesicht, wollte ihm in die Augen sehen. Ich suchte nach einer Bestätigung, dass alles gut sei. Dass es richtig sei, was gerade geschah. Stattdessen spürte ich seine Lippen auf meinen. Wir küssten uns – endlich.

Der Aufzug hielt in der zweiten Etage. Die Türen rumpelten auf, und das grelle Flurlicht leuchtete wie Scheinwerfer auf uns, dieses eigenartige Paar in Bademänteln mit völlig entrückten Gesichtern. Kohl trat einen Schritt beiseite, um die Lifttür zu blockieren. Wir setzten unseren leidenschaftlichen Kuss fort. Mich blendete das grelle Flurlicht. Ich lauschte auf jedes

Geräusch. Ich war nervös und hatte eine Heidenangst. Jeden Augenblick konnte sich eine der Zimmertüren öffnen. »Keine Sorge«, flüsterte mein Liebster. »Ich pass schon auf. Ich höre alles.« Mein Gott, wie Teenager, dachte ich. Ich straffte meinen Körper und wand mich aus seiner Umklammerung. »Bis später«, sagte ich kichernd, drückte ihm noch einen Kuss auf den Mund und hastete zu meiner Zimmertür. Meine Hände zitterten wie Espenlaub. Es dauerte Äonen von peinlichen Ewigkeiten, bis ich den Schlüssel ins Schloss bugsiert hatte. Ich weiß nicht, wie lange Kohl meine Tollpatschigkeit noch beobachtet hat; ich wagte nicht, mich umzudrehen.

Im Zimmer riss ich die Balkontür auf. Wie eine Ertrinkende sog ich die kalte Abendluft in meine Lungen ein. Was, um Himmels willen, sollte das denn? Was soll jetzt werden? Meine innere Stimme schrie mich an. Sie tobte wie eine Furie, die sich Gehör verschaffen will, in meinem berauschten Verstand: Dieser Mann ist der Kanzler, und er ist verheiratet! Willst du etwa seine Geliebte sein? Nein, natürlich nicht, wehrte mein Stolz ab. Keinesfalls! Niemals in der Welt werde ich seine Geliebte. Die Stimme meiner Vernunft klang mickrig. Wie erstarrt stand ich in dem eisigen Wind, der von den schneebedeckten Bergen ins Tal drückte. Mir war schlecht, hundeübel. Ich war verwirrt, ich war ratlos, ich war voller Zweifel. Doch plötzlich überkam mich ein Lachen. Seine Nähe, die zärtliche Umarmung, der Kuss … das war wundervoll. Einmalig schön war das!

Ich bin verliebt!

Hab dich nicht so, Beatrice, du bist total verliebt. Ich schloss mit Schwung die Balkontür und sagte diesen Satz laut: Du bist total verliebt! Irgendwie musste ich meine eigene Stimme hören, um die Tatsache zu glauben.

Schwebend tänzelte ich durch das Zimmer, öffnete summend den Kleiderschrank, zog mein schönstes Kleid an, frisierte sorgfältig meine dunkelbraunen, schulterlang geschnittenen Haare, tuschte einen dramatischen Schwung auf meine Wimpern und legte knallroten Lippenstift auf. Ich freute mich auf das Abendessen. Fencheltee und ein altes Dinkelbrötchen erschienen mir heute wie das verführerische Festmahl eines Sternekochs.

Die Tage verflogen. Je näher die Abreise rückte, desto melancholischer wurde ich. Nach Hause – der Gedanke quälte mich. Ich konnte mir nicht vorstellen, das Haus im Taunus zu betreten, meinen Koffer auszupacken und am Abend mit meinem Mann vor dem Fernseher zu sitzen.

»Was willst du jetzt machen«, fragte mich Helmut Kohl auf unserem letzten Spaziergang vor meiner Abreise. Mit eiligen Schritten hatten wir uns einen Vorsprung vor seinem Begleitschwarm erarbeitet. »Ich werde mich von meinem Mann trennen. Ich kann nicht mehr mit ihm zusammenleben«, sagte ich. Hunderte Male hatte ich in den vergangenen Tagen über diesen Entschluss nachgedacht. Jetzt sprach ich ihn zum ersten Mal aus. »Willst du aus dem Haus ausziehen?«, fragte Kohl. »Ja, so schnell wie möglich. Ich muss meine Agentur zum Laufen bringen, damit ich unabhängig bin und mein eigenes Geld verdiene.« Ein stummes Nicken. »Ich habe dir immer angesehen, dass du unglücklich bist«, sagte er und drückte verstohlen meine Hand.

»Herr Bundeskanzler, wie schön, Sie zu sehen! Wie geht's Ihnen? Was macht die Kur?« Von einem Seitenweg kommend, kreuzte eine Gruppe deutscher Urlauber unseren friedlichen Weg. Die Männer und Frauen winkten und lachten und schmetterten dem Kanzler ihre fürsorglichen Fragen entgegen. Wir sollten lieber umkehren, es werde gleich regnen, rieten sie. »Sie haben doch keinen Regenmantel oder Schirm dabei, Herr Bundeskanzler. Nicht, dass Sie noch krank werden. Wer soll denn dann unser Land regieren?« Es waren freundliche Menschen, die uns mit ihrer guten Laune und ihren wohlmeinenden Ratschlägen überschütteten. Mir kam es vor wie ein Überfall. Sie störten meine letzten wertvollen Stunden mit dem Mann, den ich liebte. Ich hätte heulen können.

»Komm, mein Mädel«, tröstete der Kanzler, als wir uns von der fröhlichen Horde befreit hatten. »Sei nicht traurig. Ich komme dich in Frankfurt besuchen.« Ich versuchte ein zaghaftes Lächeln. »Versprochen?« »Ich bin ein Ehrenmann«, sagte Kohl. »Ich halte mein Wort. Immer!«

Kapitel 4

Prominenter Besuch in meiner Agentur

Seit meiner Abreise telefonierten wir täglich. Helmut Kohl rief mich an, wann immer er ein paar Minuten Zeit hatte: aus seinem Büro im Bonner Kanzleramt, vom Autotelefon aus, zwischen zwei Sitzungen, bevor er ins Flugzeug stieg, aus Botschaften der Bundesrepublik Deutschland im Ausland – und manchmal ließ er Ecki Seeber in irgendeinem Dorf anhalten, in dem er eine Telefonzelle entdeckt hatte, damit er ungestört – und ohne geheime Mithörer – mit mir sprechen konnte. Nach diesen Telefonaten bekam ich allerdings immer wieder mal einen zweiten Anruf. Das Telefon klingelte, ich nahm den Hörer ab, und dann machte es klack. Aufgelegt! »Weiß du was«, schlug ich Helmut Kohl eines Tages vor. »Wenn du nach unserem Gespräch aufgelegt hast, wählst du einfach noch mal eine andere Zahlenfolge. Dann funktioniert die Verbindung über die Wiederwahltaste nämlich nicht mehr.« Kohl amüsierte sich über die Idee. Seitdem er dieses Ablenkungsmanöver praktizierte, blieben die Zweitanrufe tatsächlich aus.

Wir sahen uns nicht, aber am Telefon redeten wir über alles, was passierte und uns bewegte. Ich kannte seinen Tagesablauf, wusste, wen er trifft, über wen er sich gerade ärgert, in welchen Hotels er auf Reisen übernachtet, dass er den spanischen Staatschef Felipe González mag, die englische Premierministerin Margaret Thatcher dagegen schon immer für eine »furchtbare

Person« hielt. »Die Thatcher fand überhaupt nichts gut, nicht mal meine Ikonen«, klagte er und klang noch immer beleidigt, obwohl die Geringschätzung seiner Sammlung schon Jahre zurücklag. Über Prinz Philip, den Gemahl der englischen Königin, schimpfte Kohl besonders aufgebracht. Er habe sich ihm gegenüber »ungehörig und respektlos« verhalten. Bei einer Jagd habe er ihn vor versammelter Mannschaft bloßgestellt und sich über seine Körperfülle lustig gemacht, empörte sich Kohl. Und zudem habe er ihm bedeutet, dass er niemals Mitglied im englischen Oberhaus sein könnte, weil er ja *nur* Bundeskanzler sei, aber eben kein Adliger. Kohl konnte sich herrlich aufregen. Ungerechtigkeit und Arroganz trieben ihn zur Weißglut. Aber er hatte ja mich. Sobald er seinen Ärger bei mir abgeladen hatte, fühle er sich irgendwie befreit.

Er mochte auch meine Geschichten. Er hörte gern meine Anekdoten, vor allem wenn sie von Männern handelten, denen ich irgendwann einmal einen Korb gegeben hatte. Seine Lieblingsgeschichte – ich glaube, ich musste sie ihm mehrmals erzählen – handelte von einem berühmten, aber erfolglosen Verehrer von mir. Als ich Ende der Siebzigerjahre in London lebte, hatte ich eine Freundin aus der Londoner Society, die mich häufig in den Nobelklub »Annabells« mitnahm. Eines Abends sprach mich ein junger Mann an, sein Freund würde gern mit mir tanzen. »Und wo ist Ihr Freund?«, fragte ich den Abgesandten. »Der sitzt im VIP-Bereich.« »Dann soll er doch herüberkommen und mich selbst auffordern«, antwortete ich schnippisch. Wer stattdessen kam, war der Manager des Luxusklubs. »Beatrice, bitte, das kannst du doch nicht machen«, bettelte er regelrecht. »Du kannst doch nicht Prinz Andrew eine Abfuhr erteilen.« »Aha, dein VIP-Gast ist Prinz Andrew? Well, tell him please, I prefer his brother, but the elder one.« Und wirklich, ich mochte Prinz Charles damals lieber als den feschen Andrew.

Kohl liebte mein Londoner Erlebnis. Er konnte immer wieder herzlich über die Geschichte lachen. Aber eigentlich, tief in seinem stolzen Macho-Herzen, fand er es toll, dass ich kein Interesse an einem englischen Royal gezeigt hatte, aber in ihn, den gewichtigen Pfälzer, sichtlich verliebt war – auch wenn diese Tatsache noch immer unausgesprochen in der Luft hing.

* * *

1995 war auch das Jahr, in dem ich mir einen Hund zulegte, einen Parson Jack Russel. Tessy war nur wenige Monate alt, als ich Ostern meine Reise nach Bad Hofgastein antrat – mit Tessy natürlich. Wir beide reisten in meinem neuen Audi Cabriolet. Ecki Seeber hatte mir das Auto besorgt, im Auftrag des Bundeskanzlers. Denn mein Mann, von dem ich zwar getrennt war, aber mit dem ich noch immer im gemeinsamen Haus im Taunus lebte, hatte mir das BMW Cabrio, einen Firmenwagen, inzwischen weggenommen. Das Mädel braucht ein Auto, hatte der Kanzler verfügt, und Ecki hatte es organisiert. Er holte mich sogar zu Hause ab, um den schwarzen Audi mit den schicken cremefarbenen Ledersitzen in Ingolstadt in Empfang zu nehmen. Bezahlt habe ich den teuren Wagen aus dem Erbe meiner Großmutter, mit dem ich mich nach der Trennung von meinem Mann finanziell über Wasser hielt.

* * *

Seit Ewigkeiten freute ich mich auf Ostern. Ich war aufgeregt wie ein verliebter Teenager. Schon Wochen vorher begann ich meine Kleidung zurechtzulegen. Ich wählte aus, bügelte, legte die Stücke wieder in den Schrank zurück und fragte mich bei jedem Pullover und jeder Bluse, ob sie Helmut Kohl gefallen würden. Noch vier Tage, noch drei, noch einer – endlich ging es los. Tessy saß wie ein erfahrener Jetsetter auf ihrer Decke. Der Motor des neuen Wagens schnurrte. Reichlich 600 Kilometer lagen vor uns, in sechs Stunden sollte ich die Strecke geschafft haben. Sechs Stunden bis zur ersten Umarmung – eine lächerlich kurze Zeit, wenn man fast ein Jahr Sehnsucht ertragen hat.

* * *

Der Bundeskanzler zwängte sich durch die schmale Tür der silbern glänzenden Seilbahnkabine und ließ sich mit seinem ganzen Gewicht auf den Sitz plumpsen. Kohl zupfte seinen Mantel zurecht, der mich in Farbe und Form an ein Armeezelt erinnerte. Dieses olivfarbene Ungetüm trug er immer auf unseren Ausflügen in Hofgastein. Wir saßen uns gegenüber – allerdings war die Kabine aufgrund der ungleichen Gewichtsverteilung in eine bedrohliche Schieflage geraten. Knie an Knie hockten wir auf den harten Bänken, auf meinem Schoß Tessy, mein süßer Terrier, der sofort Freundschaft mit Kohl geschlossen hatte. Durch die trüben, stark zerkratzten Fenster fiel mein Blick auf die kleine Versammlung am Antriebshäuschen der Bahn: Ecki Seeber, drei deutsche Sicherheitsbeamte, zwei Österreicher mit dem gleichen hohen Auftrag und dann noch zwei Männer mit wichtigem Gebaren, denen ich keine Funktion zuordnen konnte. Am Wegrand waren Spaziergänger stehen geblieben, die das Schauspiel aus der Ferne beobachteten. Der deutsche Bundeskanzler mit einer jungen, dunkelhaarigen Frau in einer Sonderfahrt der privaten Seilbahn.

Eigentlich nutzen nur Bauern diesen Aufzug für ihre Lasttransporte. »Auf geht's«, rief Kohl ungeduldig, und jemand ließ die Kabinentür im Schnappschloss einrasten. Dann spannten sich die Drahtseile, die Gondel neigte sich noch weiter. »Bleib bei mir, Tessy, sonst kippen wir«, frotzelte ich. Ich hielt meinen Hund fest, damit er Kohl nicht auf den Schoß sprang, und rutschte in der geneigten Bahn fast vom Sitz. Wie ein Kind kam ich mir vor, das mit baumelnden Beinen auf einer Wippe sitzt und erkennt, dass der andere viel zu schwer ist für ein Kräftemessen. »Abfahrt!«, forderte Kohl mit einer harschen Handbewegung. Und wahrhaftig, mit einem Ruck, der ein bedrohliches Schaukeln auslöste, setzte sich die Kabine in Bewegung. Langsam, ganz langsam gewannen wir Höhe. Die Männer unter uns verfolgten mit wachsamen Augen jeden Zentimeter, den die Gondel mit ihrer Last am Drahtseil nach oben kroch. Endlich ließen wir den Trubel unter uns zurück. Endlich waren wir allein! Darauf hatte ich seit meiner Ankunft vorgestern Nachmittag gewartet. Es würde nur paar Minuten dauern, bis die Bahn oben am Bergbauernhof ankam. Auch dort würde eine Traube von Menschen warten. Wir schauten uns in die Augen und lauschten dem Surren. Jedes Mal, wenn die Laufräder über die Träger rumpelten, ratterte es, und der Sitz vibrierte. »Süß siehst du aus«, sagte Kohl. »Hübsch, deine Haare. Ich habe dich so lange nicht gesehen.« Er lächelte. Seine Hände lagen auf seinen Knien. Wie gern hätte ich meine Hände auf seine gelegt, aber ich wagte nicht, mich zu rühren. Ich wollte diesen Augenblick festhalten, und ich wollte seinen Blick nicht verlieren.

»Willkommen, Herr Bundeskanzler! Willkommen! Willkommen! Welch Ehre, welch Freude!« Als die Gondel stoppte und unsere Kapsel aufgerissen wurde, schauten uns Dutzende lachende Gesichter an. Der Bauer, der sich seine Hände eilig an den Hosenbeinen abwischte. Seine Frau, die ihr Kopftuch abnahm und mit einem Griff ihre Haare lockerte. Halbwüchsige Kinder, Nachbarn und im Hintergrund lehnten die offiziellen Beschützer an ihrem Jeep. Kohl erhob sich schwerfällig, zwei Männer stemmten sich gegen die schaukelnde Gondel, um ihm das Austeigen zu erleichtern. »Vorsicht, Herr Bundeskanzler, es kann glatt sein, hier oben liegt Schnee.« Ostern war spät im Jahr 1995, und an schattigen Hängen klebten noch Schneereste. Häufig drückten schwere graue Wolken bis ins Tal, und manchmal wehte ein ruppiger, eisiger Wind.

Als Kohl festen Boden unter den Füßen hatte, stand auch ich von meinem Sitz auf. Jemand reichte mir die Hand, ich stieg aus und klemmte in der schmalen Lücke zwischen Gondel und dem breiten Rücken des Kanzlers, der nun jedem die Hand schüttelte, Begrüßungsworte, Lob und Schmeicheleien entgegennahm. »Wollen Sie einen Schnaps? Kommen Sie, wir trinken einen«, schlug der Bauer vor. »Oder Kuchen, ich habe extra gebacken«, bot seine Frau an. »Kommen Sie, kommen Sie in die gute Stube. Seien Sie unser Gast.« »Liebe Leute«, sagte der Kanzler auf einmal, und seine Stimme klang, als wolle er zu einer Rede auf dem CDU-Parteitag anheben. »Ich bekomme eine gehörige Strafpredigt vom Doktor im Tal, wenn ich euer freundliches Angebot annehme. All diese Verlockungen sind strengstens verboten«, seufzte er. Sein Gesicht konnte die Qual kaum verbergen, die ihm diese entgangene Lust bereitete. »Aber ein Ei würde ich gern essen. Ein hartgekochtes Ei ist erlaubt.« »Ein Ei?« Die Bäuerin warf ihrem Mann einen verunsicherten Blick zu. »Ein Ei, Herr Bundeskanzler? Natürlich, sehr gern.« Sie drehte sich um und eilte auf den Hof zu, um in ihrer Küche dem fastenden Kanzler der Bundesrepublik Deutschland ein Ei von hofeigenen Hühnern zu kochen.

Wir waren zum Wandern auf den Berg gefahren. Bewegung an der frischen Luft gehörte zum täglichen Fastenprogramm, ebenso wie Gymnastik und Leberwickel. Also marschierten wir schließlich los – Kohl und ich nebeneinander und im Schlepptau sein Tross. Zwei Sicherheitsbeamte liefen voraus, der Rest folgte uns. Sie hielten Abstand, wir konnten reden. »Wie geht es dir heute?«, fragte ich. »Sehr gut, ich habe Energie und sammle Kraft. Und dir?« »Ich kann nachts nicht schlafen. Ich bin total aufgekratzt. Nach drei Stunden wache ich auf und bin hellwach.« »Der ganze Schrott muss raus, dann können deine Speicher wieder Energie tanken«, mahnte Kohl. »Kannst du schlafen?«, fragte ich. »Natürlich, prächtig.« »Du bist kein Maßstab, du kannst ja immer und überall schlafen und dabei schnarchst du, dass die Wände wackeln.« »Freches Mädel!« Kohl lachte. »Dann lies doch ein Buch, wenn du nicht schlafen kannst. ›Sorge dich nicht – lebe!‹, kannst du lesen, einen deiner Lebensratgeber oder etwas Klügeres. Ich gebe dir gern Lektüre, ich habe genug Bücher dabei.«

Plötzlich standen wir am Rand eines Schneefeldes. Das Tauwetter hatte den feuchten Schnee zusammensacken lassen, und an manchen Stellen schimmerte die braune, schlammige Erde durch das Eis. Ich schaute auf Kohls Füße. Er trug seine ausgeleierten schwarzen Gummisohlentreter. Meinen Rat, er solle sich bessere Schuhe kaufen, hatte er wieder nicht angenommen. »Das ist zu gefährlich mit deinen Schuhen«, sagte ich. »Du rutschst aus und brichst dir die Knochen.« Schon oft hatte ich erlebt, wie schwerfällig und mühsam sich Helmut Kohl im Gelände bewegte. Sein Übergewicht drückte auf die schmerzenden Knie, auf steinigen und rutschigen Pfaden wurden seine Schritte unsicher. Niemals hätte ich seinen Sturz abfangen können. Ich drehte mich hilfesuchend um, die Sicherheitsleute standen nur wenige Schritte hinter uns. »Wollen Sie umkehren, Herr Bundeskanzler?«, fragte einer der Männer, der die Gefahr ebenso erkannt hatte. »Ja, lassen Sie uns umkehren«, schlug ich erleichtert vor. Kohl antwortete nicht. Er drehte sich um und marschierte schweigend in die Gegenrichtung. An der nahen Abzweigung führte ein breiterer Weg Richtung Tal. Dort, an der kleinen Kapelle, parkte die gepanzerte Limousine, um den Bundeskanzler aufzunehmen und ins Tal zu chauffieren.

* * *

Ich besuche dich in Frankfurt – dieses Versprechen hatte Helmut Kohl mir schon vor einem Jahr gegeben. Ich hatte ihn nicht daran erinnert. Ich wollte nicht mahnen oder drängen – ich wusste, irgendwann würde er kommen, wenn die Zeit reif dafür ist. »Erinnerst du dich, was ich dir letztes Jahr verspochen hatte?«, fragte er mich auf unserem letzten Oster-Spaziergang. Dieses Jahr musste ich eher nach Frankfurt zurück, in meiner neu gegründeten Agentur hatte sich viel Arbeit angesammelt. Wie sollte ich das vergessen haben, dachte ich. »Ich besuche dich im Mai in deiner Agentur«, kündigte Kohl feierlich an. »Ich würde gern sehen, wie dein Büro aussieht. Und danach gehen wir schön abendessen.« »Wirklich?«, stammelte ich und spürte eine freudige Panik in meinem Herzen. Ich stellte mir vor, wie die schwarze Mercedes-Limousine in der Altkönigstraße vorfährt, vor meiner Remise parkt – und dann steigt der Bundeskanzler aus. Hoffentlich sitzt mein Mann dann an seinem Schreibtisch und schaut im richtigen Moment aus dem Fenster, dachte ich. Von seinem Chefsessel aus hatte er freien Blick auf den Eingang zu meiner kleinen Firma.

Kohl besuchte mich tatsächlich – wie versprochen im späten Frühjahr. Am 19. Mai, einem Freitag, es war später Nachmittag. Ich erinnere mich genau an das Datum, weil er gerade von seinem Antrittsbesuch bei Jacques Chirac zurückkam, dem neuen Staatspräsidenten Frankreichs, der wenige Tage zuvor gewählt worden war. Und ich erinnere auch deshalb so genau, weil sein Besuch in Königstein für mich, für unsere Liebe einen neuen Meilenstein darstellte. Zum ersten Mal betrat Helmut Kohl meine Welt.

Alles geschah, wie ich es mir vorgestellt hatte: Die blitzblank polierte schwarze Staatskarosse rollte gemächlich in den Hof und parkte direkt vor meiner Remise; der Kanzler stieg aus. Er trug einen dunklen Anzug, weißes Hemd und eine hellblaue Krawatte von Hermés, die ich ihm zum Geburtstag im April geschenkt hatte. Ich lief Kohl entgegen: »Herr Bundeskanzler, wie schön, dass Sie da sind«, sagte ich – in der Öffentlichkeit siezten wir uns. Ich bat ihn herein, zeigte ihm unsere Büros, die Küche, den Konferenzraum. Voller Neugier betrachtete er die Sedcards der Models, die an der Wand hingen. »Sie haben auch Männer?«, fragte er verwundert. Ich musste schmunzeln. Ich kannte diesen Anflug von Eifersucht in seiner Stimme. »Dann hätte ich mich ja bei Ihnen bewerben können, wenn ich im September die Wahl verloren hätte«, sagt er und spielte damit auf seinen knappen Sieg bei der Bundestagswahl 1994 an. Ich ließ mich auf seine Vorlage ein: »Ich bin mir nicht sicher, ob Sie so fotogen sind.« »Na hören Sie mal, Frau Herbold, die Zeitungen drucken ständig meine Fotos.« »Trotzdem, ich sehe Sie eher auf dem Catwalk – für Übergrößen.« »Was is'n das?« »Das ist der Laufsteg.« »Ja warum sagen Sie das nicht gleich?« »Allerdings müssten wir den Catwalk dann vielleicht verstärken.« »So ein freches Mädel!« Mit diesem Satz beendete er immer unseren Schlagabtausch. Dieser Satz war immer sein letztes Wort.

»Und wo ist Ihr Schreibtisch?«, fragte Kohl. »Oben«, antwortete ich und zeigte auf die Galerie. »Darf ich den sehen?« Ich stieg die schmale Treppe hinauf, hinter mir hörte ich die schweren Schritte des Bundeskanzlers. Kaum hatte ich die Tür geschlossen, nahm mich Kohl in den Arm und küsste mich. Wir dehnten die Minuten aus, noch eine und noch eine, so lange, bis wir glaubten, vernünftig sein zu müssen, um keinen Verdacht zu schüren. Bevor wir die Treppe wieder hinabstiegen, zauberte Kohl einen Kristall-Apfel hervor und überreichte ihn mir. »Ich habe dir was mitgebracht«, sagte er. »Gestern war ich bei Jacques Chirac, er hat mir diesen Lalique-Apfel geschenkt. Und ich weiß ja, wie gern du Kristall magst.« Ich hielt das schwere, kunstvolle Kristallwerk in meinen Händen und las die Gravur: Strasbourg, 18. Mai 1995, Lalique France. »Aber das ist doch ein offizielles Geschenk an dich, als Erinnerung an euer Treffen«, widersprach ich. »Ich möchte, dass du es bekommst«, sagte Kohl, und dann erzählte er mir, wie wichtig sein Treffen mit Chirac gewesen sei. Es gehe darum, die exzellenten Beziehungen zwischen Frankreich und Deutschland zu erhalten. Er und François Mitterand, Chiracs Vorgänger, seien Vertraute, fast Freunde, gewesen, sagte Kohl. »Erinnerst du dich, als wir Hand in Hand über den Gräbern von Verdun standen?«, fragte Kohl. »Das war 1984. Das war einer der großen Momente meines Lebens. Große Politik!«

Natürlich erinnerte ich mich an das Foto, das damals jede Zeitung gedruckt hatte. Kohl und der viel kleinere Mitterand standen in dunklen Mänteln und mit ernsten Gesichtern vor zwei Lorbeerkränzen, dazwischen ein stilisierter Sarg, bedeckt mit der deutschen und der französischen Flagge. Beide Staatsmänner hielten sich an den Händen – eine Geste, die man so noch nie gesehen hatte. »Hattet ihr das genauso geplant?«, fragte ich. »Nein, das war spontan. Es gibt wenige Momente, die mich emotional so berührt haben wie dieser«, sagte Kohl.

»Lass uns essen fahren«, schlug Kohl schließlich vor. Wir traten ins Freie. Vor dem Tor hatte sich inzwischen halb Königstein versammelt. Auch die Fenster der umliegenden Häuser standen offen, und überall schauten Menschen heraus. Als der Kanzler zum Auto ging, brandete Applaus auf. Er winkte. Ich stand mit meiner Freundin an meinem Audi und wartete, bis Ecki schließlich die Beifahrertür aufhielt und der Kanzler einstieg. Wie eine Filmszene, dachte ich, und plötzlich kam mir mein eigenes Leben unwirklich vor.

Schon vor Tagen hatte ich in der »Scheune« in Hofheim einen ruhigen Tisch reserviert – vorsorglich für vier Personen.

Sollte der Kanzler seinen Fahrer mit zum Essen nehmen, würde auch meine Freundin mitkommen. Ich hatte alle Varianten durchgespielt und war auf alles vorbereitet. Sogar Probe gegessen hatte ich – Steak, weil ich ahnte, das würde er von der Menükarte wählen. Und ich hatte der Besitzerin hochprominenten Besuch angekündigt, ohne den Namen zu verraten.

Und dann marschierte der mächtigste Mann Deutschlands ins Restaurant! Das Personal überschlug sich fast vor geschäftiger Höflichkeit, und die Gäste verdrehten die Köpfe. Kohl erkannte natürlich jeder, Ecki Seeber war sein Fahrer – das war klar. Aber wer waren die beiden jungen Frauen? Damals gab es glücklicherweise noch keine Handykameras. Unsere Treffen blieben zwar nicht unbeobachtet, aber niemand konnte heimlich Fotos schießen und ins Internet stellen. Meine Beziehung zu Helmut Kohl fiel glücklicherweise in eine Zeit, die noch Geheimnisse zuließ.

Kohl bestellte ein Steak, medium gebraten – wie ich vermutet hatte. Als er das Fleisch anschnitt und den ersten Bissen auf die Gabel spießte, schaute er enttäuscht. Das zarte Filet war komplett durchgebraten. »Das würde ich reklamieren«, sagte ich. »Nein, nein, geht schon«, wehrte er ab. Doch ich wollte, dass alles funktioniert, ich wollte den geliebten Mann zufrieden sehen. Also winkte ich den Kellner heran und schickte den Teller zurück in die Küche. Wenige Minuten später eilte die Restaurant-Besitzerin persönlich mit dem frisch gebratenen Steak an den Tisch. Kohl säbelte das Fleisch entzwei. Wir alle schauten gebannt zu – wieder durchgebraten. Ich war verärgert. »Der Koch ist zu aufgeregt«, scherzte meine Freundin. Mit ihrem Kommentar rettete sie unsere gute Laune.

Nachdem die Teller abgeräumt waren, trat mit demütiger Geste ein Mann an unseren Tisch. Der Typ trug einen seidig glänzenden Anzug, ein hellblaues Hemd mit weißem Kragen und ein Goldkettchen ums Handgelenk. »Herr Bundeskanzler«, sagte er. »Ich will nicht stören, aber ich wollte Ihnen sagen, wie sehr es mich freut, Sie in Hofheim zu sehen. Ich wähle immer CDU, seit ich 18 bin.« »Gut so«, brummte Kohl, dieses Mal extrem zurückhaltend, obwohl er seinen Bewunderern sonst immer viel Aufmerksamkeit schenkte. »Würden Sie mir ein Autogramm geben?«, fragte der Stammwähler und legte mit großspuriger Geste einen 1000-Mark-Schein vor die Nase des Kanzlers: »Dank Ihrer Politik verdiene ich Millionen als Unternehmer.« Es sollte vermutlich wie ein Lob klingen. Kohl unterschrieb. Wortlos. Nickte. Der Typ zog den Tausender vom Tisch, bedankte sich und stolzierte zu seinen Freunden zurück.

»Wie peinlich!«, entfuhr es mir, als er außer Hörweite war. »So was passiert. Aber zum Glück nicht zu oft«, sagte Kohl und stand auf. Als er zurückkam, war die Rechnung bezahlt – ein Gentleman regelt Gelddinge eben diskret.

* * *

Im Juni reiste Kohl auf Staatsbesuch nach Kanada. Ich wunderte mich, als das Telefon klingelte. Es war fast Mitternacht – um diese Zeit rief mich oft Helmut Kohl an, um mir eine gute Nacht zu wünschen. »Du, ich habe nicht viel Zeit«, sagte Kohl. Seine Stimme klang fern. »Ich denke, du bist in Kanada?« »Bin ich ja auch. Ich habe die Kolonne kurz anhalten lassen, als ich eine Telefonzelle gesehen habe. Ich wollte dir nur sagen, dass ich dir ein schönes Geschenk mitbringe. Eine Ente – die habe ich gesehen und sofort für dich gekauft.« Ich hatte kaum Zeit, etwas zu erwidern. »Ich muss weiter«, sagte Kohl. »Die warten alle auf mich. Der Premier sitzt im Wagen und wartet.« Dann legte er auf.

* * *

Später erzählte mir Kohl, er habe die gesamte Kolonne stoppen lassen, um mit mir zu telefonieren. Rund 20 Fahrzeuge, an der Spitze Polizisten auf Motorrädern, in der Mitte dann das Protokoll, Ärzte, die Wagen der Botschafter und schließlich der des kanadischen Premiers, am Ende Journalisten und Fotografen – alle hätten am Straßenrand gestanden, damit Kohl in die Telefonzelle stapfen konnte, um mich anzurufen. Kanadische Sicherheitskräfte und seine BKA-Männer hätten das Glashäuschen umringt, aber höflichen Abstand gehalten. Ein wichtiges Telefonat?, habe der kanadische Regierungschef Jean Chrétien dann gefragt. Sehr wichtig, habe er geantwortet, erzählte mir Kohl und prustete fast los. »Dass es um eine Ente aus Stein ging, habe ich ihm natürlich nicht erzählt.« Die Skulptur, die er mir aus Kanada mitbrachte, war übrigens gar keine Ente, sondern ein Kormoran aus massivem Granit. Jahrelang stand das Stück in meiner Bücherwand. Heute, nach vielen Umzügen, begleitet mich die »Kanada-Ente« noch immer.

Noch etwas erzählte mir Helmut Kohl nach seiner Rückkehr mit Begeisterung. Auf einen Empfang zu seinen Ehren sei ihm Céline Dion vorgestellt worden, berichtete er mir voller Stolz. »Sag bloß, du weißt, wer das ist?«, foppte ich ihn. »Na hör mal, ich bin ein gebildeter Mann!«, returnierte Kohl. »Na dann, wer bitte ist Céline Dion?« Und wahrhaftig wusste der Kanzler, der am liebsten Biografien und historische Sachbücher verschlang, täglich Dutzende Akten studierte und sich mit Gesetzesvorlagen auseinandersetzen musste, dass Céline Dion eine Popsängerin ist. »Sie hat den Titelsong zum Zeichentrickfilm ›Die Schöne und das Biest‹ gesungen und dafür einen Oscar gewonnen. Ihr neuester Hit heißt ›Colour of Love‹, oder so ähnlich.«

Mir verschlug es fast die Sprache. Ich schaute Kohl beeindruckt an. »Sie ist ein Weltstar!«, fügte er hinzu, als müsse er mich von ihrer Prominenz überzeugen. »Aber was ich dir eigentlich erzählen wollte«, setzte Kohl erneut an: »Céline Dion hat einen Mann geheiratet, der mindestens 25 Jahre älter ist als sie. Beide waren auf dem Empfang, und ich habe sie genau beobachtet. Die gehen sehr nett miteinander um. Sie ist richtig verliebt in ihn, obwohl er so viel älter ist.«

Kohl schaute mich abwartend an. »Das ist schön«, erwiderte ich. Es berührte mich zutiefst, dass er sich über dieses Thema Gedanken gemacht hatte. Das hatte ich nicht vermutet. Unser Altersunterschied war ja noch größer – 28 Jahre. Nie hatte ich darüber nachgedacht, ob Helmut Kohl zu alt für mich sein könnte oder ich zu jung für ihn. Ich erlebte ihn immer als einen Mann voller Witz, Energie und Vitalität; er war schlagfertig, liebevoll, zuverlässig und klug. Natürlich konnte man mit ihm nicht zum Skifahren oder Bergwandern gehen, und nach langen Strecken zu Fuß schmerzten seine Knie, aber das lag an seinem Gewicht – nicht am Altersunterschied zwischen uns.

Kohl schaute mich noch immer forschend an. Er schien nicht zufrieden zu sein mit meiner knappen Antwort. »Ich finde dich auch nicht zu alt«, sagte ich schließlich. Wie ein Kind klatschte er in die Hände: »Dann ist es gut, mein Mädel.«

Kapitel 5

Im Liebesglück

Endlich packte ich meine Kleider und Bücher in Kisten, verließ das Haus im Taunus und zog in eine Altbauwohnung in Wiesbaden. Die Immobilie gehörte meinem Mann und mir je zur Hälfte. Im November, zwei Jahre vor unserer endgültigen amtlichen Scheidung, überschrieb er mir seinen 50-Prozent-Anteil der Zwei-Zimmer-Wohnung – als großzügige Abfindung, wie mein Ex damals sagte. Im Gegenzug unterzeichnete ich beim Notar einen umfassenden Verzicht auf alles, was mir nach gesetzlichem Scheidungsrecht zugestanden hätte: Zugewinnausgleich und Unterhalt, nur der Versorgungsausgleich blieb ungeklärt. Es sei die beste Lösung für mich, behauptete mein Noch-Mann damals. Seine Firma verdiene kein Geld, er sei verschuldet, es sei also kein Vermögen vorhanden, was er mit mir teilen könne – im Gegenteil, er wolle mich nicht mit seinen Schulden belasten. Also unterschrieb ich bei seinem Notar-Freund unsere Trennungs- und Scheidungsvereinbarung. Erst später erfuhr ich, dass die Eigentumswohnung bis unters Dach mit Hypotheken belastet war und die monatlichen Belastungen nicht gezahlt wurden, wie mir mein Mann versprochen hatte, was mich letztlich in finanzielle Not stürzte. Die Wohnung, von der ich geglaubt hatte, sie sei nun mein Eigentum, gehörte eigentlich der Bank. Ich konnte mein Zuhause nicht halten, musste wieder ausziehen und die Immobilie verkaufen. Der Verkaufspreis deckte gerade das Darlehen und die Kosten. Für mich blieb kaum etwas übrig.

Im August 1995 schien jedoch meine Welt noch in Ordnung. Ich hatte mir die Wohnung schön eingerichtet, einige neue Möbel gekauft und fühlte mich wohl in meiner kleinen Welt. Vor allem aber liebte ich meine Freiheit. Endlich konnte Helmut Kohl mich besuchen – denn die 85 Quadratmeter in der Wallufer Straße in Wiesbaden waren ganz allein mein Reich.

* * *

Mein langersehnter Gast kündigte sich für den 19. August an. Es war ein Samstag, er wollte nach Hause nach Oggersheim fahren und am Nachmittag zu mir kommen. Viel Zeit habe er nicht, sagte er, aber er würde mich gern zu Hause besuchen. Ich solle keinen großen Aufwand treiben, nur eine kleine Brotzeit vielleicht.

Ich kaufte ein, als wollte ich die gesamte Bundeswehr verpflegen: Käse, Wurst, Schinken, Salate, frisches Brot. An der Theke im Delikatessladen erschien mir alles zu wenig und zu dürftig. Als ich jedoch daheim meine Tüten auspackte, musste ich schmunzeln. Selbst wenn Kohl völlig ausgehungert bei mir ankommen sollte, würde ich die nächsten Wochen von meinem Einkauf leben müssen.

Die Stunden vor seiner Ankunft waren die Hölle für mich. Meine Stimmung schwankte zwischen Euphorie und Panik. Ich wusste nicht, was mich erwarten würde. Was ich erwarten sollte. Will er nur mit mir am Küchentisch sitzen und plaudern? Und was wollte ich? Selbst das wusste ich nicht.

Voller Unruhe lief ich in meiner Wohnung hin und her, wischte zum hundertsten Mal mit dem Staublappen über Möbel und Tische, verrückte Blumenvasen, sortierte Bücher im Regal um, platzierte den französischen Lalique-Apfel und die Granit-Ente aus Kanada neu, verschob Kissen und polierte Gläser auf Hochglanz. Fast auf die Minute pünktlich fuhr die Limousine vor, der Kanzler stieg hastig aus, huschte trotz seiner Körperfülle mit beeindruckender Geschwindigkeit ins Haus und erklomm die Stufen zur zweiten Etage. Als er endlich in meiner Wohnung stand, schnaufte er und schien erleichtert. Niemand hatte ihn gesehen. Er nahm mich in den Arm und küsste mich.

Ich war so schrecklich aufgeregt, dass es eine Qual war. Ich ließ das Besteck fallen, die Wurst von der Platte rutschen und zerschlug einen Goldrandteller aus dem von meiner Großmutter geerbten Porzellangeschirr. Ich konnte nicht denken, gab wirre Antworten und stotterte wie eine Abiturientin in der mündlichen Matheprüfung. Kohl saß buddhahaft am Küchentisch und beobachtete meine hektischen Aktionen. Alle drei Minuten sprang ich auf. Willst du Zucker? Brauchst du Salz? Ich riss Schubkästen und Schranktüren auf und stellte die seltsamsten Dinge auf den Tisch. Obwohl wir sonst ständig redeten, wenn wir zusammen waren, sprachen wir kaum. Dieser Besuch ist eine Katastrophe, dachte ich. Nie wieder wird dieser Mann zu dir kommen!

»Jetzt komm mal her, Mädel«, sagte Kohl schließlich, stand auf, zog mich an sich und nahm mich in den Arm. Er hielt mich einfach nur fest. Wie zwei zusammengewachsene Baumstämme standen wir in der Küche. In meiner nervösen Erschöpfung versank ich wortlos in seine starken Armen. Ich legte meinen Kopf an seine Brust und atmete seinen Duft ein. Ich fühlte seine große Hand über meinen Rücken streichen. Ich weiß nicht, wie lange wir so dastanden.

»Ich habe dir was mitgebracht«, sagte Kohl mit zärtlicher Stimme und überreichte mir ein kleines Etui. Ich öffnete es.

»Gefällt's dir?«, wollte er ungeduldig wissen. Vorsichtig zog er das Schmuckstück aus dem Samtkissen: eine goldene Kette, an deren Ende ein Löwe aus massivem Gold baumelte. Er legte sie mir um den Hals und fieselte geduldig am Verschluss. »Der Löwe soll dich beschützen und dir Stärke verleihen«, sagte er. »Ich habe den Anhänger für dich anfertigen lassen, damit du mich immer bei dir tragen kannst – also wenn du willst!« Ja, natürlich wollte ich das. Ich war gerührt über sein Geschenk. Und fühlte mich beschämt, weil ich seinen ersten Besuch derart vermasselt hatte.

Die Kette habe ich jahrelang fast täglich getragen, Tag und Nacht. Erst 2002, lange nach unserer Trennung, habe ich sie abgelegt. Vielleicht war da der Moment gekommen, in dem ich mit dieser übergroßen, heimlichen Liebe abschließen konnte. Nicht in meinem Herzen, aber wenigstens symbolisch.

Viel Zeit hatte Helmut Kohl nicht an diesem chaotischen Nachmittag. »Ich komme bald wieder«, sagte er beim Abschied, »aber nur wenn du mir versprichst, dass du nicht wieder so viel Porzellan zerbrichst. Am Ende muss ich dir noch neues Geschirr kaufen.«

* * *

Am Abend, als Kohl vermutlich schon in Oggersheim bei seiner Familie war, traf ich meine Freundin auf dem Weinfest. Wir hatten uns schon vor Tagen verabredet. »Du siehst total entrückt aus«, schleuderte sie mir ins Gesicht, sobald wir am Tisch saßen. Ich schwieg. »Jetzt sag, was ist los«, drängte sie. Ich schwieg. »Verliebt?« Ein stummes Nicken. »Ohhhh mein Gott, wenn das mal gutgeht. Wenn das rauskommt! Hast du dir Gedanken gemacht, was dann los ist?« Nein, hatte ich nicht. Ich wollte nicht daran denken, sonst hätte ich spätestens jetzt aufhören müssen. Aber dafür war es sowieso schon viel zu spät. »Lass uns was trinken«, schlug ich vor. »Und ich flehe dich an: kein Wort! Zu niemandem!«

* * *

Nur wenige Tage später kündigte sich Kohl erneut an. Er fahre am Freitagnachmittag von Bonn nach Oggersheim und könne mich am Abend besuchen, sagte er. Ich freute mich. Ein neuer Anlauf, dieses Mal würde ich alles richtig machen. Ich werde die Sache gelassen und selbstbewusst angehen, nahm ich mir vor.

Ecki Seeber fuhr vor, Kohl huschte ins Haus, stapfte die Treppen hoch und nahm mich in den Arm – jahrelang sollte dies unser Ritual werden. Erstaunlicherweise funktionierte die heimliche Aktion all die Jahre ohne Pannen. Nur einmal sprach mich ein Nachbar aus dem Erdgeschoss an. Gestern habe er einen Mann die Treppe hochgehen gesehen, der habe ausgesehen wie der Kohl, sagte er. »Wie der Bundeskanzler?« Ich tat verwundert. Ja, ja genau, versicherte mein Nachbar. »Ich glaube, Sie haben meinen Onkel gesehen, der war gestern bei mir. Der ist groß und ziemlich dick.« Der Neugierige aus dem Erdgeschoss schaute mich ungläubig an. »Der sah aber aus wie der Kohl«, insistiert er. »Glauben Sie mir, mein Onkel heißt nicht Kohl, er ist auch kein Politiker, sondern Lehrer.« Mit einem freundlichen Gruß ließ ich den Ratlosen stehen. Keine Gefahr, beruhigte ich mich. Solange Helmut Kohl niemandem direkt in die Arme läuft, werde ich alles abstreiten, was die Leute glauben, gesehen zu haben.

* * *

Kohl hatte Zeit, als er an diesem Freitagabend zu mir kam. Seine Bonner Woche war vorüber, fürs Wochenende standen keine Termine an – nur das übliche Programm: Akten lesen und ein paar Telefonate mit Parteifreunden. Er schien entspannt. Auch ich war innerlich ruhig. Ich wusste, heute würde es passieren.

Ich hatte Blumen gekauft, dutzende Kerzen aufgestellt und gekocht: gegrillte Hähnchenschenkel, Gemüse, Kartoffeln. Dazu servierte ich einen Weißwein von der Rhône. Zum Dessert hatte ich nach dem Familienrezept eine Mousse au Chocolat vorbereitet. »Du mit deinem französischen Zeug«, schimpfte Kohl – und meinte es durchaus ernst. »Das kann man doch auch auf Deutsch sagen: Schokoladenpudding!« »Aber Mousse ist etwas anderes als ein Pudding«, korrigierte ich. »Ach was, nur weil du ein französisches Wort benutzt, schmeckt es nicht besser als jeder Pudding. Ich liebe Pudding, jetzt bring ihn mal her.« In Sekundenschnelle hatte er das Schälchen mit dem französischen Zeug ausgelöffelt. »Schmeckt gut!«, lobte mein Verfechter der deutschen Küche. »Der beste Pudding, den ich jemals gegessen habe, den kannst du mal wieder für mich machen.«

Noch unzählige Male habe ich für Helmut Kohl meine französische Spezialität zubereitet. Wir haben die Mousse aber immer Pudding genannt.

Als ich das Geschirr abtragen und die Küche aufräumen wollte, hielt mich Kohl am Handgelenk fest. »Mach das später«, sagte er, »schade um unsere wertvolle Zeit.« Er zog mich zu sich. Ich wollte nicht auf seinem Schoß landen. Der Stuhl kracht zusammen!, dachte ich besorgt. Helmut Kohl stand auf, legte seinen Arm um meine Schulter und steuerte mein Schlafzimmer an. Er öffnete die Tür, ging zum Fenster, schloss die Gardinen und schlug die Bettdecke beiseite. Der Kerzenschein aus dem Wohnzimmer tauchte das Schlafzimmer in ein weiches Licht.

Die Haydn-CD, die ich zum Abendessen aufgelegt hatte, sprang gerade wieder auf Anfang. Mein Herz schlug wild, aber alles fühlte sich richtig an. Es war der Moment, auf den unsere heimliche Liebe seit Jahren zusteuerte. Jetzt war er da. Jetzt konnte ich nicht mehr behaupten, das sei nichts Ernstes zwischen uns. Nur eine Freundschaft. Ein Flirt. Nun passierte, wonach sich Verliebte sehnen. Alles, was eine Liebe zwischen Mann und Frau komplett und einzigartig macht.

Es war wunderschön. Daran erinnere ich mich. Selbst nach so vielen Jahren trage ich das Gefühl unserer ersten Nacht noch in mir. Viele Nächte wie diese sollten folgen, manchmal waren es auch Nachmittage oder verabredete Mittagessen, die wir ausfallen ließen und lieber im Bett verbrachten: Wir liebten uns. Nie konnte er bleiben, danach. Irgendwann musste Helmut Kohl aufstehen, sich anziehen und wegfahren. Jedes Mal würde Ecki Seeber auf die vereinbarte Minute pünktlich mit dem Wagen an einer Ecke warten. Ich blieb allein in meiner Wohnung zurück. Allein mit meiner Erinnerung an den Liebsten und mit seinem Duft, der noch in den Kissen hing. Allein mit den Geschenken, die er fast jedes Mal mitbrachte. Allein mit meinen Gefühlen, die zwischen Glück und innerer Aufruhr schwankten. Auch allein mit dem schmutzigen Geschirr, das ich immer erst wegräumte, wenn er gegangen war. Unsere gemeinsame Zeit war zu wertvoll für Normalität und Alltäglichkeit. Helmut Kohl hatte vollkommen recht, als er mich zum ersten Mal darum bat, alles stehenzulassen.

Jede Minute mit diesem Mann bedeutete Glück für mich. Zärtlichkeit, Vertrauen, Nähe, Verschmelzen, Einssein – all das, was nur Liebende sich schenken können.

Kapitel 6

Bist du glücklich?

Helmut Kohl zog mich tiefer und tiefer ins Gewebe seines Lebens. Mehrmals am Tag rief er an, manchmal nur kurz, um meine Stimme zu hören. Oft aber plauderten wir länger am Telefon, tauschten unsere Erlebnisse und Gedanken aus und hielten uns über Alltägliches auf dem Laufenden. Wenn er in der Agentur anrief, schloss ich eilig die Tür, um ungestört reden zu können. »Mit wem redest du eigentlich immer, wenn die Tür zu ist?«, fragten meine Mitarbeiter – inzwischen hatte ich mehrere Angestellte. »Mit jemanden, der wichtig ist«, sagte ich. »Für dich oder für die Agentur?«, bohrte Peyman Amin, der damals mein Modelbooker war und später als Juror in der deutschen ProSieben-Show »Germany's Next Topmodel« bekannt wurde. Ich ließ mir mein Geheimnis über »Mister Wichtig«, wie der mysteriöse Anrufer im Büro bald genannt wurde, nicht entlocken. Nicht einmal zu einer vagen Andeutung ließ ich mich hinreißen. Außer meiner besten Freundin ahnte niemand etwas. Ich musste vorsichtig sein, denn ich wusste, unsere Liebe konnte nur bestehen, wenn sie geheim blieb.

Es war kurz vor 11 Uhr, als mein Handy klingelte. »Was machst du gerade«, fragte Helmut Kohl, und seine Stimme klang nah und zärtlich. Es war erst ein paar Tage her, dass er mich in meiner Wohnung, unserem Versteck, besucht hatte. Das zweite Mal nach unserer ersten gemeinsamen Nacht. Alles war noch frisch und aufregend und fühlte sich an wie in einem süßen Traum. Noch konnte ich die Nächte und die Berührungen zählen. Und ich tat es auch. Vermutlich braucht jeder Liebesanfang eine Statistik, weil jede Wiederholung wie eine Bestätigung der rauschhaften Gefühle erscheinen mag.

»Was ich mache? Ich bin in der Agentur«, sagte ich. Inzwischen war ich mit meiner kleinen Firma ins Frankfurter Westend umgezogen. Ich hatte in einem Jugendstilhaus die Bel Etage gemietet: 120 Quadratmeter mit Küche, Bad, Eichenparkett und Kamin; über dem gläsernen Konferenztisch hing ein majestätischer Kronleuchter. »Ich bereite mich auf ein Fernseh-Interview vor.« »Du im Fernsehen?«, frozzelte Kohl. »Machst du mir jetzt Konkurrenz?« Ich erklärte ihm, dass das Fernsehen ein Unternehmer-Porträt über mich drehen will. Ich sollte erklären, wie man Model wird, woran man eine seriöse Agentur erkennt, wie wir unsere Models finden und mit unseren Klienten arbeiten. »Für welchen dubiosen Sender machst du das denn?«, fragte Kohl süffisant. »Für die ARD«, antwortete ich stolz. »Da kannst du zur Abwechslung mich mal im Fernsehen sehen und bewundern, mein Lieber«, forderte ich ihn heraus und schaute erschrocken zur Tür, ob die wirklich geschlossen war. Ich war stolz darauf, dass sich das Fernsehen für meine Agentur interessierte. Schließlich leistete ich im Modelbusiness gerade Pionierarbeit in Deutschland.

»Hast du heute Mittag schon was vor?« Kohl wechselte das Thema. »Ich bin in Frankfurt und würde gern mit dir essen gehen. Allein, nur du und ich. Hast du Zeit?« Ja, gern. Natürlich! Ich möchte dich sehen! Unbedingt! Ein Freudensturm rauschte mir durch den Kopf, aber aus meinem Mund rutschten bedenkenvolle Worte: »Ach herrje, ich bin heute gar nicht passend angezogen. Ich trage nur Jeans und Blazer – in Orange!« Kohl lachte. »Ja, und?« »Ich meine, was sollen denn die Leute denken. Du und ich allein, und dann trage ich diesen knallfarbenen Blazer. Das fällt doch total auf! Was sollen denn die Leute denken, wer ich bin.« Es dauerte eine Weile, bis seine Antwort kam: »Hör mal, meine Kleine. Mir ist egal, was die Leute denken. Ich möchte dich sehen, und du musst was essen. Also 12 Uhr im Restaurant vom ‚Hessischen Hof' – schaffst du das?« Natürlich schaffe ich das! »Dann treffen wir uns am Hoteleingang. Sei pünktlich!«, mahnte er.

Ich war aufgeregt. Kohl und ich allein beim Essen – am hellichten Tag, mitten in Frankfurt. Mein orangefarbener Blazer machte mir allerdings Sorgen. Wie eine Signalleuchte würde ich wirken in diesem gediegenen Restaurant. Alle mal herschauen, bitte! Unter der Jacke trug ich nur ein weißes T-Shirt. Ich konnte den Blazer also nicht ausziehen. Vor allem aber beunruhigte mich, was die Leute denken würden, wenn sie den Bundeskanzler zusammen mit einer jungen Frau sahen. Ohne Entourage, ganz privat.

Ich wartete bereits am Treppenabsatz, als die gepanzerte Limousine vorfuhr. Kohl stieg aus und kam direkt auf mich zu. Er gab mir die Hand. Wie gern hätte ich ihn umarmt oder wenigstens ein Küsschen auf die Wange gedrückt, eines links, eines rechts, so wie unter Freunden üblich. Doch ich traute mich nicht.

Im Restaurant waren nur zwei Tische belegt, an beiden saßen Herren in dunklen Anzügen. Kohl wählte einen Tisch am Fenster. »Fast zwei Stunden habe ich für dich Zeit, meine Kleine«, sagte er, als wir saßen. Er lächelte mich an. Ich war unendlich glücklich, mit ihm allein in diesem feinen Restaurant zu sitzen. Als sei es völlig normal, dass der Bundeskanzler mit mir, Beatrice Herbold, allein zum Essen geht.

»Schön siehst du aus. Die Farbe steht dir«, lobte mein Liebster. »Ich hätte etwas Gediegeneres angezogen, wenn ich gewusst hätte, dass wir heute ausgehen«, sagte ich. »Nein, nein, das ist sehr hübsch. Du siehst aus wie ein süßer kleiner Kanarienvogel.« Wir kicherten. Wir steckten die Köpfe zusammen und kicherten, wie es nur Verliebte tun, denen die Albernheit ihrer Erscheinung nicht bewusst wird. »Du könntest auch gut Orange tragen. Da würdest du wenigstens mal auffallen zwischen all den Herren in grauen Anzügen«, schlug ich gerade vor, als der Kellner an unserem Tisch trat. »Herr Kohl, welch Ehre, Sie bei uns zu haben. Ich hole Ihnen sofort die Speisekarte.« »Bitte nicht nur für mich, bringen Sie auch eine für meine zauberhafte Begleitung mit«, antwortete Kohl und warf dem Ober einen verärgerten Blick zu. Doch der nahm mich überhaupt nicht wahr. Mich störte das nicht, aber Helmut Kohls Laune verfinsterte sich sofort.

Kohls etwas zu laute Stimme hatte den nahezu leeren Raum erschüttert wie ein Donner, der die Stille vor dem Sommergewitter durchbrach. Ausnahmslos alle Gäste schauten erschrocken zu unserem Tisch, um zu überprüfen, ob derjenige, dessen Stimme sie erkannt zu haben glaubten, sich wirklich im Restaurant befand. Ich fühlte Dutzende Augen auf uns gerichtet. Fragend, neugierig, aber höflich. Keiner stand auf, um Kohl zu begrüßen. Zum Glück bleiben alle sitzen, dachte ich. Trotzdem standen wir unter Dauerbeobachtung. Ich fühlte die Neugier aus den Augenwinkeln. Blicke, die scheinbar dem Gesprächspartner galten, endeten letztlich an unserem Tisch.

»Was hat dich an dem Kellner gestört?«, fragte ich Kohl. »Der Kerl hat keine Manieren, er ist unhöflich«, platzte es aus ihm heraus. »Er arbeitet in einem Luxushotel und weiß nicht einmal, wie man den Bundeskanzler anspricht. Und dich beachtet er überhaupt nicht.« Kohl schüttelte den Kopf. Seine Schimpftirade war noch nicht zu Ende. »Spricht mich einfach mit Herr Kohl an! Der kennt wohl die Etikette nicht. Stell dir mal vor, ich würde hier mit einem ausländischen Gast sitzen, und der Kellner sagt ›Herr Kohl‹ zu mir. Nicht einmal Dr. Kohl.« Seine Empörung hatte Fahrt aufgenommen. »Woher soll er das denn wissen«, versuchte ich, Kohl zu beschwichtigen. »Ich denke nicht, dass man in der Schule lernt, wie man den Bundeskanzler anspricht oder einen Botschafter oder einen Grafen. Und viele Eltern können es ihren Kindern auch nicht weitergeben, weil sie es selbst nicht wissen.« »Du weißt es doch auch.« Kohl gab sich nicht zufrieden mit meiner Antwort. »Ich hatte eine gebildete und vornehme Mutter«, erklärte ich, »aber mein Vater war Ungar, er hatte gänzlich andere Vorstellungen von gutem Benehmen als meine wohlerzogene Mutter, die in einem gutsituierten, bürgerlichen Elternhaus aufgewachsen war. Mein Vater kam überall durch mit seinem Charme.«

Der Kellner kehrte zurück, um unsere Bestellungen aufzunehmen: eine Kraftbrühe und Filet Stroganoff für Helmut Kohl, ich bestellte einen Salat. »Jetzt lade ich dich in eines der besten Restaurants in Frankfurt ein, und du bestellst nur einen Salat«, ärgerte sich Kohl nun über ein neues Thema. »Ich habe keinen großen Hunger«, verteidigte ich mich. »Meine Mitarbeiter und ich haben in der Agentur zusammen gefrühstückt. Das war erst vor zwei Stunden. Ich esse nun mal gern Salat, das weißt du doch.«

»Hasenfutter«, blaffte Kohl. »Du hast schon wieder abgenommen, weil du nie ordentlich isst. Du wirst immer dürrer!«

Das stimmte, ich hatte tatsächlich ein paar Kilos verloren. Ich wunderte mich, dass Kohl das bemerkte. »Ich habe gerade wenig Hunger«, wehrte ich ab. Kohl schaute mich tadelnd an. »Also gut«, gab ich zu, »wenn ich glücklich bin, nehme ich immer ab. Da kann ich einfach nichts essen. Ich kriege nichts runter.«

Plötzlich leuchteten seine braunen Augen wie Kerzen auf dem Weihnachtsbaum. »Bist du glücklich?«, fragte Kohl.

»Ja. Und du? Bist du glücklich?«

»Das bin ich.« Seine Stimme klang fest und wahrhaftig. Es waren nur drei Worte, aber er hatte sie mit entschiedener, männlicher Ernsthaftigkeit ausgesprochen.

Ich hakte nach, obwohl ich ihm glaubte. Vielleicht wollte ich es nur nochmals hören: »Wirklich?«

»Aber sicher. Sehr sogar.«

Helmut Kohl und ich ein Liebespaar, dachte ich. Beatrice Herbold und der deutsche Bundeskanzler. Was für ein seltsames, verrücktes Leben, was für eine wundervolle Heimlichkeit. Eine Welle aus Freude rieselte durch meinen ganzen Körper.

In unserer Liebestrunkenheit hatten wir nicht bemerkt, dass sich das Restaurant inzwischen bis auf den letzten Platz gefüllt hatte. »Weißt du, wie lange es her ist, dass ich mich so glücklich gefühlt habe wie jetzt?« Ich wollte über uns reden, ich wollte nicht aufhören, meine Zärtlichkeiten nicht zurückhalten. Mein Herz war voller Emotionen, ich musste ihm sagen, was ich empfand. »Fast 15 Jahre! Am Anfang war die Beziehung mit meinem Mann schön, da war ich verliebt in ihn, und er hat sich Mühe gegeben. Heute bin ich froh, dass ich ihn nicht mehr sehen muss.«

Der Kellner servierte das Essen, trug die leeren Teller ab und schenkte Wasser nach. Andere Gäste tuschelten miteinander und musterten uns – aber Helmut Kohl und ich schwebten wie in einer bunten Seifenblase in unserer eigenen Sphäre. Wir redeten, strahlten uns an, lachten, kicherten, erfreuten uns aneinander. »Hast du dich eigentlich geärgert, dass das Frauenquorum bei eurem Parteitag keine Mehrheit bekommen hat?«, fragte ich. Auch das interessierte mich. Ich wollte wissen, wie sein Alltag aussah, ob er zufrieden war mit sich, der Partei, seinen Leuten – mit dem Teil seines Leben, der ohne mich stattfand, in den ich kaum Einblick hatte. »Weißt du, viele Männer denken noch immer, Frauen seien ausschließlich für Kinder, Küche und Kirche zuständig. Meine lieben Parteikollegen haben noch gar nicht begriffen, dass eine Frau, die erfolgreich sein will, viel mehr leisten muss als jeder Mann.« Ich hörte ihm beeindruckt zu. Ich freute mich, dass mein Liebster so fortschrittlich dachte. Er förderte gern Frauen, das war für ihn selbstverständlich. Und das gefiel mir – wie mir eigentlich alles an ihm gefiel.

»So, nun essen wir noch ein Dessert«, bestimmte Kohl. Zu jedem guten Essen gehörten für ihn drei Gänge. Er winkte den Kellner an den Tisch und bestellte Schokoladenkuchen, ohne vorher in die Karte zu schauen. »Und für dich?« Oh, er duzte mich – vor dem Kellner! »Ich möchte nichts, vielen Dank«, sagte ich. »Jetzt nimm doch ein Dessert«, beharrte Kohl. »Nein danke, zu viele Kalorien. Das kannst du dir leisten, ich mit meiner Wespentaille leider nicht.« Der Kellner lachte. »Gut, dann bringen Sie mir bitte ein besonders großes Stück vom Schokoladenkuchen. Meine hübsche Begleiterin wird schon sehen, was ihr entgeht.«

»So wirst du nie abnehmen«, mahnte ich.

»Abnehmen?«, konterte Kohl. »Wieso sollte ich abnehmen. Ich sehe doch gut aus, so wie ich bin.«

»Ja, das tust du«, schmeichelte ich ihm – und meinte mein Kompliment ernst. In meinen verliebten Augen sah ich einen attraktiven, stattlichen, faszinierenden Mann – groß, gutaussehend und mit einer ungeheuren Aura.

Der warme Schokoladenkuchen duftete verführerisch. Ich blickte neidisch auf den Teller und ärgerte mich, dass ich das Dessert ausgeschlagen hatte. »Jetzt siehst du, was du verpasst«, stichelte Helmut Kohl. Vergnügt schob er ein großes Stück des warmen Kuchens auf die Gabel – und steuerte damit unvermittelt auf meinen Mund zu. Vor Schreck vergaß ich zu protestieren; ich öffnete die Lippen und ließ mich mit der Köstlichkeit füttern. Während ich kaute, sah ich die überraschten Blicke vom Nachbartisch. Ich kaute, schluckte und lächelte den Fremden zu, die diese Szene wie Voyeure beobachtet hatten. Helmut Kohl hatte sich inzwischen dem Rest des XXL-Kuchenstücks gewidmet. Ihn interessierte die neugierige Kulisse um uns herum nicht im Geringsten. »Komm, noch ein Stück«, forderte er mich auf und wollte gerade eine neue Fuhre auf die Gabel laden. »Nein, nein, lass mal.« Ich fuchtelte mit beiden Händen vor meinem Gesicht herum. »Was sollen denn die Leute denken?«, raunte ich ihm panisch zu. »Das ist mir doch egal, was die denken.« Kohl lud erneut die Gabel voll Kuchen und schob sie mir mit Entschiedenheit in den Mund. Ein Stück für dich, eines für mich – so aßen wir den Teller leer. Der Kellner, der mit einer zweiten Kuchengabel auf einem Silbertablett herbeigeeilt kam, wurde mit einer harschen Handbewegung weggeschickt: Die brauchen wir nicht.

Nachdem Helmut Kohl die Rechnung bezahlt und ein großzügiges Trinkgeld in die Ledermappe gelegt hatte, standen wir auf. Plötzlich brandete Applaus auf. Einige Gäste erhoben sich sogar von den Stühlen und applaudierten. Der Applaus, die ehrfürchtigen Blicke, die Verbeugungen der Kellner – eine Atmosphäre aus Erhabenheit und Respekt erfüllte den Saal. Kohl knöpfte sein Jackett über dem Bauch zu, straffte die Brust und schritt majestätisch durch den prunkvollen Raum. Die Gäste bildeten Spalier und begleiteten den Auszug des Bundeskanzlers mit wohlwollendem Nicken und Applaus. Helmut Kohl, der eben noch wie ein verliebter Teenager geflirtet und gescherzt hatte, verwandelte sich innerhalb eines Wimpernschlags in einen anderen Mann. Plötzlich war er wieder der Staatsmann. Getragen von der Macht seines Amtes und der Unantastbarkeit seiner Person, schritt er zur Tür. Wie ein König und sein Volk, dachte ich.

»Passiert dir das oft?«, fragte ich ihn draußen beim Abschied. »Ja, sicher«, sagte Kohl. Und es klang, als habe er sich an diese Ovationen gewöhnt. Fast schien es wie eine Selbstverständlichkeit.

Kapitel 7

Was ist mit deiner Frau?

Mein Leben fühlte sich an wie auf einer Wippe, die unablässig aus der Balance kippte. Einerseits schwebte ich wie eine Feder durch den Alltag, getragen von den täglichen Anrufen meines Liebsten, seinen liebevollen Gesten, kleinen Geschenken, zärtlichen, wenn auch sparsamen Worten und unseren leidenschaftlichen, heimlichen Stunden. Wir sahen uns häufig. Sooft es sein Terminplan erlaubte, ließ er Ecki die Staatslimousine in die Wallufer Straße steuern. Helmut Kohl stieg aus, huschte ins Haus und verschwand in meiner Wohnung, wo wir unsere Zweisamkeit zelebrierten – unsichtbar für den Rest der Welt.

Und andererseits lastete eine Qual auf mir, die mir in dunklen Momenten die Luft zum Atmen abschnürte. Der Aufbau meiner Modelagentur ging voran und brachte erste Erfolge, war jedoch auch mit allen Schwierigkeiten verbunden, die eine junge Firma mit einer unerfahrenen Chefin bewältigen musste. Ich hatte Freude an meiner Arbeit, verdiente allerdings wenig. Ehrlich gesagt: gar nichts. Ich lebte von dem Geld, das mir meine Großmutter hinterlassen hatte. Doch mein Erbe war inzwischen auf einen kläglichen Rest zusammengeschmolzen: Der Kauf meines Audi Cabriolets, der Umzug, die neuen Möbel, ein paar schicke Kleider, die ich für meinen Job brauchte – all diese Ausgaben hatten eine bedrohliche Lücke auf meinem Konto hinterlassen. Hinzu kamen Zins und Tilgung für das Darlehen, das ich für die Wohnung entrichten musste. Manche Monate geriet ich mit der Zahlung an die Bank in Verzug. Dann rief ein Angestellter an und mahnte mit strenger Stimme, dass der Betrag nicht abgebucht werden konnte, weil das Konto überzogen sei. Diese Anrufe fürchtete ich, für mich klangen sie wie Drohungen. Und mein Mann, der mir diesen Schlamassel eingebrockt hatte, stellte sich taub. Ich solle ihn in Ruhe lassen, ließ er mir ausrichten. Seine Sekretärin hatte Anweisung, meine Anrufe abzuwimmeln und mich nicht zu ihm durchzustellen.

Warum konnte das Leben derart unerbittlich sein? So viel Glück auf der einen Seite und erdrückende Sorgen auf der anderen. Heiß und kalt – und alles gleichzeitig.

»Was ist los mit dir?«, fragte mich Helmut Kohl bei einem unserer Telefonate. Ich schwieg. Ich wollte stark sein, ihn nicht mit meinem Kummer belasten. Ich wollte der Mensch in seinem Leben sein, der nichts von ihm verlangte, keine Ansprüche und Erwartungen formulierte, keinen Ärger oder Zorn auslöste. Ich wollte seine Sorglos-Oase sein. Bei mir sollte er Vergnügen finden, seinen Geist und seinen Körper ausruhen können – fern aller politischen Ränkespiele in Bonn und fern von globalen Krisen. »Sag schon, was los ist, meine Kleine«, drängte er. »Ich höre doch an deiner Stimme, dass etwas nicht stimmt.«

»Ach, meine Scheidung«, klagte ich und fühlte Tränen aufsteigen. »Hast du Probleme mit deinem Mann? Wenn es nur das ist, dann lässt sich das doch lösen.« Am anderen Ende der Leitung hörte ich ein Aufatmen. Kohl schien erleichtert, dass meine Verstimmung nicht ihn betraf. Ermutigt von seinem Drängen, begann ich am Telefon einen verzweifelten Monolog: Ich erzählte von meiner Geldnot und dass ich mich oft schwach und schwindelig fühlte. Mein Kopf schien in einer Glocke eingemauert zu sein, alle Geräusche fühlten sich unendlich fern und verschwommen an. »Mir geht's schlecht, und ich fühle mich betrogen von meinem Mann. Ich hätte nicht gedacht, dass er mir das antun würde«, sagte ich mit dünner Stimme. Dabei liefen mir die Tränen übers Gesicht. Ich versuchte, mein Schluchzen zu unterdrücken. Keinesfalls sollte mein Weinen in sein Bonner Kanzlerbüro, in die Machtzentrale Deutschlands dringen. »Du brauchst einen Arzt und einen Anwalt«, bestimmte Kohl in seiner pragmatischen Art. »Mach dir keine Sorgen, ich kümmere mich darum.«

Wenige Tage später nannte mir Kohl Namen und Telefonnummer eines Arztes am Universitätsklinikum in Mainz und die Adresse einer Frankfurter Anwaltskanzlei. »Meine Leute sagen, das seien die besten«, tröstete mich Kohl. »Mach Termine und geh hin, Mädel. Bald!« Wie soll ich das denn bezahlen, dachte ich, sagte aber kein Wort. Wenn Kohl in diesem Ton sprach, wagte ich keinen Widerspruch.

Nach Mainz fuhr ich zuerst. Das seltsame Gefühl im Kopf und der permanente Schwindel hatten inzwischen bedrohliche Ausmaße angenommen. Ich musste mir eingestehen, dass ein schwacher Kreislauf und Schlafmangel unzureichende Ausreden für meinen desolaten Zustand waren. Der von Kohl empfohlene HNO-Spezialist hatte allerdings keine Zeit für mich, stattdessen untersuchte mich ein Oberarzt. Dies seien ernst zu nehmende Symptome für einen Hörsturz, also einen Infarkt im Ohr, meinte der Mediziner. Da diese Krankheit meist bei psychischen Problemen und Stress auftrete, empfehle er mir dringend, mein Leben zu ändern. »Das geht nicht«, erwiderte ich in ängstlicher Hilflosigkeit. »Wenn Sie es nicht tun, werden Sie schwerwiegende Probleme bekommen«, warnte mich der Arzt – und er sollte recht behalten, wie sich Monate später herausstellte.

»Und?«, fragte Kohl, der mich sofort nach dem Termin anrief. »Wie war der kluge Professor?« »Der hatte keine Zeit für mich, stattdessen hat mich sein Oberarzt untersucht.« Keine Zeit? Kohl ärgerte sich, das spürte ich. Ich hörte ihn durch den Telefonhörer schnaufen und konnte mir sein grimmiges Gesicht vorstellen. »Meist sind die Oberärzte besser als die Chefärzte«, erklärte er mir, um die aus seiner Sicht unentschuldbare Respektlosigkeit wettzumachen. »Ich habe ständig darunter zu leiden, dass mich jeder Chefarzt persönlich behandeln will. Das geht dann so weit, dass mir der Herr Professor sogar persönlich Blut abnimmt, was er vor Jahrzehnten zum letzten Mal getan hat. Das tut dann immer schrecklich weh. Sei froh, dass du beim Oberarzt warst, meine Kleine. Die haben viel mehr Übung.« Ich musste lächeln – sein typischer Pragmatismus, der mich trösten sollte.

* * *

Weihnachten stand vor der Tür. Es war mein erster Heiligabend, den ich seit der Trennung allein verbringen würde. Der Mann, den ich liebte, feierte mit seiner Familie das Fest der Liebe – das war klar. Trotzdem versuchte ich, den Feiertagen mit Freude entgegenzusehen. Ich werde es mir schön machen, versprach ich mir – und Tessy, meinem Hund. Ich dekorierte meine neue Wohnung, als gelte es, einen Wettbewerb zu gewinnen. Türkränze, Gestecke, Adventsstern, Engel, Räuchermännlein – und alles in Grün und Dunkelrot, so wie früher in meiner Kindheit. Meine Mutter hatte an Weihnachten immer ein bombastisches Familienfest gezaubert – mit allem Prunk und Glanz, zu dem sie fähig war.

Was schenke ich meinem Liebsten? Diese Frage beschäftigte mich seit Wochen, und Dutzende von Ideen schossen mir durch den Kopf. Krawatten hatte ich ihm schon in allen Farben und Mustern geschenkt – langweilig. Ein Hemd? Nein. Manschettenknöpfe? Geht nicht, wie sollte er die seiner Frau erklären.

Schließlich entschied ich mich, Helmut einen Pullover aus edelstem Cashmere zu schenken. Ich rief Ecki an, um zu erfragen, wo »der Chef« seine Kleidung kauft. In einem normalen Geschäft für Herrenmode, so ahnte ich, würde ich in seiner Größe nichts Passendes finden. Ecki wusste Bescheid: Hirmer in Frankfurt. An einem späten Nachmittag marschierte ich in das Fachgeschäft für »Männer mit Statur« – der Werbespruch machte mich zuversichtlich. Ich steuerte auf einen Verkäufer zu und erklärte, was ich suchte: einen Pullover für einen Mann, der »sehr groß und kräftig ist«. Der freundliche Angestellte fragte nach der Größe. Keine Ahnung, ich zuckte mit den Schultern und versuchte, mit ausgebreiteten Armen den Körperumfang anzudeuten. »Der ist für meinen Onkel«, behauptete ich, »und der sieht ungefähr so aus wie Helmut Kohl.« Oh! Der Mode-Experte nickte fachmännisch und breitete mehrere Cashmere-Pullover auf dem großen Tisch aus. Riesige Teile, dachte ich. Wie Wollzelte! Ich schüttelte den Kopf. Viel zu groß, befand ich, und kaufte einen kamelfarbenen, edlen Pullover, der mir zwar sehr groß erschien, aber nicht in diesen Mega-XXXL-Größen, die auf dem Verkaufstisch lagen. Noch immer übertrieben groß, dachte ich, aber perfekt für Helmut Kohl.

Heiligabend. Erster Weihnachtsfeiertag. Die Kirchenglocken läuteten, am Abend strahlten alle Fenster in der Nachbarschaft in einem warmen, feierlichen Licht. Auf den Straßen sah man kaum Menschen. Tessy und ich saßen in meiner überschmückten Wohnung, und mich überfiel eine bleischwere Traurigkeit. Ich fühlte mich unendlich allein. Helmut Kohl rief mehrmals am Tag an, und bei jedem Gespräch spielte ich die Unbekümmerte und Sorglose, was mich letztlich noch trauriger machte, sobald die wenigen Minuten mit ihm verstrichen waren. »Ich komme morgen zu dir«, sagte er schließlich am Telefon. In meinen Ohren erklang ein Halleluja.

Feierlich überreichte ich dem geliebten Mann schließlich mein Weihnachtsgeschenk. Er zog an der Schleife, öffnete das Papier und hielt den Pullover in die Höhe. »Der ist aber schön«, sagte er und lachte und lachte. »Gefällt er dir nicht?« Mir wurde ganz bang ums Herz. »Doch sehr, meine Kleine. Am meisten freue ich mich darüber, dass du mich so siehst. Gertenschlank!« Er spannte den Pullover über seinen Bauch – und da erkannte ich meinen Irrtum. Mindestens drei Nummern zu klein! »Ich tausche ihn um«, sagte ich enttäuscht. »Nein, trag du ihn. Die Farbe steht dir hervorragend, und es ist doch gerade modern, wenn die Sachen ein bisschen zu groß sind, oder?« Da hatte er recht.

Später lagen wir beieinander, still und zufrieden, mein Kopf ruhte an seiner Schulter. »Sag bloß, du denkst, ich hätte kein Geschenk für dich!«

»Dass du an Weihnachten bei mir bist, ist mein Geschenk«, antwortete ich.

»Aber ich habe auch noch etwas, das du immer tragen kannst, wenn ich nicht da bin.« Er angelte ein kleines Etui unter seinem am Boden liegenden Hemd hervor. »Gib mal deine Hand«, sagte er, dann öffnete er das Schächtelchen und steckte mir einen Ring an: einen in Gold gefassten Rubin, umrahmt von kleinen Diamanten. »Als Zeichen unserer Verbundenheit, meine Süße«, sagte Helmut.

Ich betrachtete den Stein, dessen feuriges Rot im Kerzenlicht funkelte. »Wunderschön«, flüsterte ich gerührt und verbarg mein Gesicht in seiner Halsbeuge.

So traumhaft schön wie unsere Liebe, dachte ich. Aber wie sollte das alles weitergehen?

»Was ist mit deiner Frau?«, fragte ich plötzlich – und erschrak über mich selbst. Was war in mich gefahren? Wollte ich unsere harmonische Stimmung zerstören? Eigentlich war ich nicht eifersüchtig, aber ich machte mir Gedanken: Am Zweiten Weihnachtsfeiertag sind Ehemänner bei ihren Familien, sogar diejenigen, die eine Geliebte haben. Er war bei mir. Was hatte er Hannelore erzählt, als er von zu Hause wegfuhr? Was glaubte seine Frau, wo ihr Mann jetzt ist? Politik, Bonn, Partei, Termine – Entschuldigungen, die sonst vermutlich immer funktionierten, würden an Weihnachten erscheinen wie die nackten Lügen eines Hasardeurs.

»Mach dir keine Sorgen«, sagte Kohl, als hätte er meine Zweifel erraten. »Es ist alles geregelt.«

»Was meinst du mit geregelt?«, bohrte ich nach. Mit dieser nichtssagenden Erklärung wollte ich ihn nicht davonkommen lassen.

»Ich kann mich hundertprozentig auf meine Frau verlassen. Sie war immer für unsere Söhne da und hat alles für mich getan, was möglich war. Aber wir sind wie beste Freunde.«

»Aber ihr seid ein Ehepaar«, widersprach ich. »Ihr lebt zusammen, esst zusammen und schlaft zusammen.«

»Wir haben getrennte Schlafzimmer. Schon lange.«

Diese Antwort beruhigte mich. Ich wollte keine Ehe zerstören, aber ich wollte diesen Mann auch für mich haben. Kohl drückte mich fest an sich. »Du musst kein schlechtes Gewissen meiner Frau gegenüber haben. Mach dir keine Sorgen«, wiederholte er. Und es klang wie ein Versprechen.

* * *

»Hast du eigentlich deinen Mann meinetwegen verlassen?« Diese Frage stellte mir Helmut Kohl immer wieder. Und jedes Mal gab ich ihm die gleiche Antwort, auch wenn ich oft das Gefühl hatte, sein männlicher Stolz hätte lieber die andere Möglichkeit als Wahrheit gehört: Nein! Am Tag meiner Hochzeit hatte ich bereits geahnt, dass ich einen Fehler begehe. Schon vor unserem Kennenlernen 1990 in Bad Hofgastein empfand ich meine Ehe als unerträglich. Und ich wollte unbedingt Kinder.

Auch dieses Thema brachte ich mehrmals in unseren sich wiederholenden Gesprächen auf den Tisch. Ich sprach diesen bedeutungsschweren Satz immer wieder aus, wohl wissend, dass Kohl nicht der Mann sein würde, der mir diesen Wunsch erfüllt. Wie sollte das auch gehen? Niemals könnte sich der verheiratete Bundeskanzler einer konservativen und christlichen Partei eine Zweitfamilie erlauben – so wie der ehemalige französische Präsident François Mitterrand, der der Nation 1994 eine 20-jährige, bis dahin verheimlichte Tochter präsentiert hatte. Allein die Enttarnung unserer Liebesaffäre würde eine unvorstellbare Katastrophe bedeuten. Ich wagte mir den Skandal und den politischen Aufruhr gar nicht vorzustellen, würde irgendjemand unsere heimlichen Treffen entdecken. Ein gemeinsames Kind war deshalb unvorstellbar – nicht einmal in meinen kühnsten Träumen sollte ich diese Hoffnung hegen.

Solche verzweifelten Selbstgespräche führte ich immer wieder in meinen grüblerischen, einsamen Stunden, wenn ich abends in die leere Wohnung kam und dann mit Tessy allein auf meinem Sofa lag. Inzwischen war ich 38 Jahre alt, und wenn ich wirklich ein Kind wollte, dann wurde es Zeit. Doch diese Sehnsucht stand konträr zu meinem anderen Verlangen – der Liebe zu diesem Mann. Ein Konflikt, der nur mit Verzicht zu lösen war.

»Du wärst sicher eine sehr gute Mutter«, meinte Kohl meist, wenn ich das für mich dringliche Thema erneut anschnitt. Kein Nein und kein Ja – nur die freundlich ablenkende Antwort eines rhetorisch geübten Politikers. Helmut Kohl verstand es prächtig, unangenehme Themen sanft gegen die Wand laufen zu lassen. Aber es war ebenso die Antwort eines Mannes, der weiß, dass er nichts versprechen und keine Hoffnungen machen darf. Weil er nicht konnte. Weil er sonst lügen würde.

Dafür redete Kohl umso lieber von seiner Mutter: Cäcilie Schnur, Tochter eines Ludwigshafener Volksschullehrers und Organisten. Die Hand, die segnet, wird zuerst gebissen. Dieses mütterliche Sprichwort, das Kohl oft und gern gebrauchte, hörte auch ich immer wieder, wenn er bei mir am Esstisch saß und wir über Gott und die Welt plauderten. Wenn er mich über mein Leben, meine Eltern, meine Kindheit und meine Jugend ausfragte oder mir von seinem Alltag und seinen Gedanken erzählte – immer wieder endete die Erkenntnis in seiner Forderung, die segnende Hand zu ehren. Wie ein Mantra verwendete er den Spruch.

Loyalität und Treue – das war für Helmut Kohl oberste Bedingung. Wer zu seinem inneren Kreis gehören wollte – politisch oder privat –, der musste sich diesen Kohl'schen Prinzipien unterwerfen. Und wer dagegen verstieß, wurde verbannt – auf immer und ewig. Jedes Mal, wenn Kohl über seine Philosophie dozierte, erschauderte ich leicht. Ob er mich überwachen lässt?, grübelte ich oft. Kontrolliert er mich? Bestehe ich seine Tests? Mein Ex hatte mein Leben permanent kontrolliert und mir wenig Freiheit zugestanden. Helmut Kohl tat das auch, aber wesentlich subtiler. Seinen Erwartungen unterwarf ich mich freiwillig. Aus Liebe, könnte man sagen. Denn ich wollte die Frau sein, die es verdient, von ihm geliebt zu werden.

* * *

Im Februar 1996 reiste ich geschäftlich nach New York und Miami. An die beruflichen Termine hängte ich ein paar Urlaubstage an: Ich buchte einen Flug nach Providenciales, einer Karibikinsel, die zu den Turks and Caicos gehörte, und mietete mich ein im traumhaft schönen Luxushotel »Grace Bay« – mein allererster Urlaub ganz allein. Helmut Kohl rief mich jeden Tag an, was bei seinen ersten Versuchen für Verwirrung sorgte. Mit seinem rudimentären pfälzischen Englisch verlangte er nach mir, die Rezeptionistinnen ließen sich jedoch nicht davon überzeugen, den anonymen Anrufer zu einem Gast durchzustellen. Kohl ließ ein zorniges »very important« über den Atlantik schallen, weigerte sich jedoch standhaft, seinen Namen zu nennen. Seine tiefe Chefstimme, die in Deutschland jedes bereits eingerostete Zahnrädchen sofort in Bewegung setzten konnte, versank in der Karibik in der Tiefe des Ozeans.

»Stellen Sie doch bitte den Herrn, der täglich anruft, einfach durch. Das geht schon in Ordnung«, bat ich schließlich die Wächterinnen an der Rezeption des Nobelhotels. Of course, Madame! Kohl erzählte mir am nächsten Tag, er sei sofort zu meinem Zimmer verbunden worden. Dieses Mal habe er in noch strengerem Ton danach verlangt. Er war zufrieden mit sich, glaubte er doch, dass seine Autorität endlich Wirkung zeigte.

Der Urlaub war herrlich, der Abstand zum seelischen Chaos, das in Deutschland mein Leben beherrschte, tat mir gut. Außerdem hatte ich mich mit dem netten niederländischen Hotelmanager angefreundet, der mich zum Wasserskifahren und zu Bootsausflügen einlud, um mir Delphine zu zeigen. Über all meine aufregenden Erlebnisse berichtete ich Kohl am Telefon. Je mehr ich schwärmte, desto mürrischer wurde er. Als ich ihm eröffnete, ich würde meinen Urlaub um zwei Tage verlängern, erhob er Widerspruch. Das sei jetzt überhaupt nicht gut, sagte er. Seine Wortwahl mag wie eine Empfehlung geklungen haben, aber in seiner Stimme lag eindeutig ein Befehl. »Ich wollte dich am Tag nach deiner Rückkehr besuchen. Den Abend habe ich mir extra freigehalten«, lockte Kohl mich ins winterlich kalte

Wiesbaden zurück. Wir schlossen einen Kompromiss: Ich blieb nur einen Tag länger in der Karibik, und Helmut kam mich am selben Tag besuchen.

Natürlich zelebrierten wir unser Wiedersehen, aber Kohl war auch gekommen, um mich um einen Gefallen zu bitten: »Könntest du nicht mal mit jemandem shoppen gehen?«, bat er mich – das englische Wort hatte er eindeutig aus meinem Wortschatz übernommen. »Ja, sicher«, sagte ich und schaute ihn erwartungsvoll an. »Weißt du, du ziehst dich so nett an und siehst immer gepflegt und hübsch aus. Unter meinen Leuten ist eine junge, talentierte Politikerin. Die hat überhaupt keinen Geschmack. Die zieht sich schrecklich an und ihre Haare … schauderhaft. Sie müsste unbedingt zum Friseur. Vielleicht kannst du da mal mitgehen.«

Welch ungewöhnliche Bitte, dachte ich. Aber ich freute mich, dass Helmut mich um meinen Rat bat. Diese Frau musste ihm wichtig sein, sonst würde er sich nicht um ihr Aussehen kümmern. »Wer ist es denn?«, fragte ich neugierig.

»Die Merkel.«

»Angela Merkel, die aus der DDR? Deine Umweltministerin?« Ich war verblüfft.

»Ja sicher. Wenn die bisschen was aus sich machen würde – das wäre gut. Sie hat ein großes politisches Talent. Ich denke, sie wird mal richtig Erfolg haben, aber dafür muss sie irgendwie schicker aussehen. Sie müsste sich ein bisschen weiblicher kleiden.«

Kohl meinte seine Bitte ernst. Doch glücklicherweise kam es nicht zu einer Shoppingtour mit Angela Merkel. Ich hatte seine junge Umweltministerin, die gerade mal vier Jahre älter war als ich, bisher nur im Fernsehen gesehen. Allerdings war ich mir sicher, dass sie nicht der Typ ist, der sich von einer Fremden – und noch dazu von einer »Freundin« des Kanzlers – beraten lässt. Auch wenn ich Kohl in seiner Stilkritik recht gab – Angela Merkel würde sich gewiss nicht von mir sagen lassen, welche Jacken, Kleider und Hosen sie tragen sollte. Sicherlich auch nicht, welche Frisur ihr stehen würde oder welchen Lippenstift sie verwenden sollte.

Wenn Kohl gut aufgelegt war, plauderte er gern über seine Leute – und ich liebte diese kleinen indiskreten Lästereien. Ich war neugierig, was hinter den Kulissen der politischen Bühne in Bonn passierte. Wenn wir nach einem Essen, das ihm geschmeckt und vielleicht sogar mit einem Schokoladenpudding geendet hatte, ein Gläschen Wein tranken, glitt die Stimmung manchmal in eine fröhliche Leichtigkeit, die ich für eine Fragerunde nutzte. Dann nannte ich Namen von Politikern, die mich interessierten, und Helmut Kohl gab einen kurzen Kommentar zu diesen Personen ab.

»Wie findest du Wolfgang Schäuble?« Ich fragte nach dem Fraktionsvorsitzenden der CDU/CSU, einem ehemaligen Minister im Kabinett, dem Mann, über den er nur positiv gesprochen hatte. »Er ist der begabteste, tüchtigste und intelligenteste Mitarbeiter von mir. Er ist mein Freund, ein echter Freund«, antwortete Kohl. Es war wohl das höchste Lob, das er zu vergeben hatte.

»Und Norbert Blüm?« Nun ein anderer Name, sein Arbeitsminister. »Den mag ich irgendwie«, sagte Kohl, auch das bedeutete bereits Lob.

»Claudia Nolte?« Ich nannte den Namen seiner Familienministerin, die wie Angela Merkel aus den neuen Bundesländern stammte. »Langweilig, der hatte ich mehr zugetraut, die habe ich überschätzt«, kritisierte Kohl.

»Gysi?« Zur Abwechslung brachte ich mal einen Linken, den politischen Gegner, aufs Tableau. »Guter Typ, scharfer Verstand, ich mag ihn«, lobte Kohl erstaunlicherweise.

»Und Christian Wulff?« »Wieso fragst du nach dem?«, wollte Kohl wissen, denn Wulff war damals erst CDU-Landesvorsitzender von Niedersachsen geworden und damit noch nicht auf der großen Politbühne angekommen. »Ach, ich finde, der sieht aus wie mein Mann.« Kohls Urteil war kurz, aber wenig schmeichelhaft: »Mag sein, aber kein guter Charakter.«

»Und deine Justizministerin: Sabine Leutheusser-Schnarrenberger?« Kohl ahmte ihre blecherne Stimme nach. »Ich kann diese Doppelnamen-Emanzen nicht ausstehen«, spottete er. »Na hör mal, ich habe doch auch einen Doppelnamen«, erwiderte ich, denn seit der Hochzeit trug ich meinen ungarischen Familiennahmen gekoppelt mit dem Namen meines Mannes. »Das verstehe ich überhaupt nicht«, sagte Kohl. »Warum kann sich eine Frau denn nicht entscheiden, wie sie heißen möchte? Ob sie ihren Namen behalten will oder den des Mannes annimmt. Beides geht und beides ist besser als diese seltsamen Konstrukte, die sich kein Mensch merken kann.«

Okay, dachte ich, dann kommt jetzt eine kleine Retourkutsche: »Lothar Späth?« Ein Name, der Helmut Kohl garantiert nicht gefiel, denn der damalige Ministerpräsident von Baden-Württemberg wollte 1989 zusammen mit Heiner Geißler, Rita Süssmuth und Ernst Albrecht gegen Kohl putschen. Die Abtrünnigen hatten geplant, ihn als Parteivorsitzenden abzusetzen. »Späth ist ein Lump, alles eine hinterhältige Mischpoke«, lautete Kohls Scharfrichter-Kommentar auf meine Frage, und dann folgte noch der Zusatz. »Und die Süssmuth kann ich gar nicht ab.«

Also gut, keine weiteren schlechten Erinnerungen heraufbeschwören, überlegte ich und fragte nach Theo Waigel, dem Finanzminister mit den Urwald-Augenbrauen. »Die gefallen dir wohl nicht?«, stichelte Kohl. Ich lachte. »Wenn ich solche hätte, würdest du mich wahrscheinlich zwingen, sie zu stutzen.« »Nein, ich würde sie dir trimmen, wenn du schläfst«, drohte ich. »Wag es nicht, meine Süße, dich an meiner Schönheit zu vergreifen.« Und dann erzählte er begeistert, dass »der Waigel« so glücklich ist mit seiner neuen Frau, der ehemaligen Skiläuferin Irene Epple. Die beiden seien »so verliebt, dass man es sieht«, schwärmte Kohl. »Und die Irene ist ja auch eine Wahnsinnsfrau, hat sich auf Skiern die Berge runtergestürzt wie eine Verrückte.«

»Weißt du eigentlich, wer von deinen Leuten irgendwelche Liebesaffären hat?«, fragte ich. »Ja klar weiß ich das. So was muss ich doch wissen.«

»Und warum musst du das wissen?«

»Wissen ist Macht«, sagte Kohl – auch so ein Spruch, den er gern zitierte.

»Und was wäre, wenn dich einer auf deine Affäre mit mir anspricht? Hast du keine Angst, dass das zwischen uns irgendwann rauskommt?«

»Mich wird keiner ansprechen«, antwortete Kohl, und in seiner Stimme schwang nicht der geringste Zweifel.

»Weshalb bist du dir da so sicher?«

»Das traut sich keiner.«

»Wieso nicht? Journalisten könnten doch recherchieren und dich damit konfrontieren.«

»Das traut sich keiner. Nicht mal diese miesen Blattmacher aus Hamburg.«

»Wen meist du?«

»Die vom *Spiegel*, diese Hamburger Journaille.«

Ich wunderte mich über seine Gewissheit der eigenen Unantastbarkeit, beließ es aber bei seiner Antwort.

Kapitel 8

Warum kann der sich scheiden lassen?

Im Jahr 1996 hatte ich eine genialen Einfall für eine Fernseh-Show, eigentlich war mein Konzept der Vorläufer von »Germany's Next Topmodel« von Heidi Klum. Ich erzählte Helmut Kohl von meiner Idee, Talente in verschiedenen Kategorien gegeneinander antreten zu lassen, die dann von einer Jury bewertet werden. »Klingt interessant«, fand Kohl, »aber wofür brauchst du das?« »Naja, das wäre eine super Werbung für mich und meine Modelagentur. Aber ich benötige einen erfahrenen Produzenten, einen Sender und Geld.« Als ich aussprach, was mir fehlte, erschien mir mein Plan selbst wie eine Träumerei. Kohl hörte zu und sprach dann den legendären Satz, an den ich mich bis heute erinnere: »Dann mach's doch mit dem Leo.«

Wenige Tage später rief mich Kohl aus seinem Kanzlerbüro an: »Ich habe wenig Zeit, meine Kleine, gleich kommt Besuch. Aber hier ist die Telefonnummer von Leo Kirch. Er erwartet deinen Anruf.« Dann diktierte er mir eine Telefonnummer in München, die mich direkt in die Machtzentrale von Leo Kirch brachte, dem mächtigen Herrscher über eine Mediengruppe, zu der auch Pro7 und Sat1 gehörten.

»Lass es mich erst einmal selbst versuchen«, sagte ich zu Helmut Kohl, war aber trotzdem froh über seine hilfreiche Idee. Ich rief den damaligen Unterhaltungschef Oliver Mielke an und beschrieb ihm meinen Plan. Er war begeistert. Bei unserem ersten Treffen formulierten wir ein grandioses Konzept für eine Unterhaltungsshow. Das scheiterte jedoch an seinem Vorgesetzten. Also musste ich doch meinen Joker ziehen.

Ich besuchte Leo Kirch in seinem Reich in der Kardinal-Faulhaber-Straße in München und erzählte ihm von meinem Plan für eine Fernsehshow. Klingt nicht schlecht, fand der Medien-Patriarch. Sofort griff er zum Telefonhörer und begann, die Strippen in seinem Konzern zu ziehen. Ein paar Monate später zeichneten wir »ONE 1« auf, was dann im Mai 1997 im Fernsehen ausgestrahlt wurde. Als Dankeschön für seine Unterstützung habe ich Leo Kirch später zum Geburtstag eine Kristallschale von Lalique geschenkt, gefüllt mit frischem Obst, weil ich wusste, dass er das gern isst. Als ich Helmut Kohl davon erzählte, wollte er unbedingt wissen, was das Stück gekostet hat. »Die war teuer«, wiegelte ich ab. »Jetzt sag schon«, drängte er. Also verriet ich ihm den Preis: 1400 Mark. »Wahnsinn!«, staunte Kohl. »Dann muss der Lalique-Apfel von Chirac ja mindestens genauso teuer gewesen sein.«

* * *

Helmut Kohl blieb nie über Nacht bei mir in der Wallufer Straße, dennoch richtete er sich immer mehr häuslich ein. Er brauche eine Creme fürs Gesicht, bat er mich, und einen Kamm, »aber aus echtem Horn, kein Plastik«. Außerdem schleppte Ecki Seeber auf Anweisung des Chefs zwei Kartons Wein zu mir in die zweite Etage – Weißwein aus der Pfalz, Spätlese –, damit ich bei unseren Abendessen nicht immer das »französische Zeug« servieren musste. Seit Kurzem steckte auch jeden Morgen die *Frankfurter Allgemeine Zeitung* in meinem Briefkasten. Helmut Kohl hatte ein Freiabonnement der Tageszeitung für mich organisiert, nachdem er mit missbilligenden Blicken meine Lektüre auf dem Couchtisch gemustert hatte: *Vogue*, *BUNTE*, *Elle*, *AD* – Zeitschriften, die ich gern las oder für meinen Beruf brauchte. Die *FAZ* gehörte nun zu meinem täglichen Lesestoff, denn Kohl fragte mich oft, ob ich diesen oder jenen Artikel gelesen hätte. Er wollte mit mir darüber diskutieren, also musste ich vorbereitet sein.

Unsere Zweisamkeit endete meist gegen Mitternacht. Dann schlüpfte Kohl in seine Kleider, band seine Armbanduhr, die er immer auf dem Nachttisch ablegte, ums Handgelenk und schlich sich aus dem Haus. Doch einmal im Jahr, für ein paar Tage, trafen wir uns an Ostern in Bad Hofgastein – aus der Fastenkur war längst unser gemeinsamer Liebesurlaub geworden. Natürlich wahrten wir den Anschein, unsere Begegnung im Hotel St. Georg finde eher zufällig statt. Bei Hotelpersonal, Gästen und Kohls Entourage versuchten wir den Eindruck zu vermitteln, wir seien Fastenfreunde und Stammgäste des Hotels, die im Laufe der Jahre eine nette, harmlose Freundschaft geschlossen hatten. Ich sprach meinen Liebsten mit »Herr Bundeskanzler« an, er nannte mich »Frau Herbold«. Beim Spazierengehen, wenn seine Sicherheitsleute uns folgten, hielten wir angemessenen Abstand. Vorsorglich vergrub ich meine Hände in den Jackentaschen, um nicht in Versuchung zu geraten, den neben mir spazierenden Mann zu berühren. In der Sauna und beim abendlichen Fencheltee bemühten wir uns um einen freundlich-belanglosen Ton und gaben vor, uns über die Gesellschaft anderer Gäste zu freuen. Wahrscheinlich waren wir die Einzigen, die an unseren Vertuschungszauber glaubten. Unsere verliebten Blicke, die vermeintlich unsichtbaren Berührungen unter dem Tisch oder ein flüchtiges Streicheln auf der Sonnenterrasse haben uns garantiert verraten. Wenn wir meinten, andere Gäste lägen schlafend in der Sonne, blinzelten sie zu uns herüber und warteten darauf, dass wir uns in Sicherheit wiegten und verrieten.

Ich war viel zu verliebt, um mir über all das in der behüteten Alpen-Idylle Gedanken zu machen. Ich erinnere mich, dass ich manchmal die Gesichter von Kohls Bodyguards studierte in der Hoffnung, darin zu lesen, ob die Männer etwas ahnten. Heute denke ich, sie ahnten es nicht nur– sie kannten die ganze Wahrheit! Zwar konnte ich in den Mienen dieser sympathischen Kerle kein Wissen über unsere Sünde entdecken – was mich ungemein beruhigte –, aber was für Dilettanten wären diese Experten denn gewesen, wäre ihnen die Liebesaffäre ihres Chefs verborgen geblieben? Seinen Dienst, Leib und Leben des mächtigen Staatsmannes zu beschützen, versah jeder dieser jungen Männer mit Ernsthaftigkeit und Disziplin, und dazu gehörte auch ein Pokerface. Zu mir waren alle extrem freundlich und zuvorkommend. Schließlich gehörte ich in ihren Augen auch nicht zu den Gefahren, die es auszuschalten galt.

Obwohl wir uns in Hofgastein an die karge Fastenkost hielten und zuverlässig unsere Termine für Leberwickel und Gymnastik absolvierten – für mich bedeutete jedes Ostern aufs Neue ein genussvollstes Liebesfest. Sobald sich das geschäftige Hin und Her auf den Hotelfluren beruhigt hatte, die Gäste sich in ihre Zimmern zurückgezogen hatten und die Lichter in den öffentlichen Räumen gedimmt waren, schlich ich mich aus meinem Zimmer, ging ein paar Meter den Flur entlang und klopfte in unserem vereinbarten Code an die Suite von Helmut Kohl. Hier im Fastenhotel feierten wir rauschhafte Nächte – wir genossen jede einzelne Stunde, wohl wissend, dass wir wieder ein Jahr warten müssen, um in dieser Selbstverständlichkeit beieinander sein zu können.

Im Morgengrauen, bevor das Hotel erwachte und die Putzfrauen ihre Staubsauger über die Teppiche schoben, schlich ich mich zurück. In Hotelschlappen und Bademantel huschte ich zu meinem Zimmer, öffnete die Tür und ließ sie geräuschlos ins Schloss rasten. Ich legte mich in mein Bett, denn es war zu früh, um aufzustehen. Meist konnte ich nicht noch einmal einschlafen. Meine Kissen fühlten sich kalt und leer an, mir fehlte der geliebte Mann an meiner Seite, seine Wärme, sein Atem, dem ich so gern lauschte und der mich beruhigte, wenn ich in mondhellen Nächten schlaflos neben ihm lag.

»Machst du viele Fehler?«, fragte ich Kohl eines Abends, als wir in unsere Bademäntel gehüllt ein heimliches Glas Weißwein in seiner Suite tranken. Zum weißen Hotelfrottee trug ich ein Collier und ein Armband aus Hämatit, beides hatte Helmut Kohl mir gerade geschenkt. »Ja, natürlich. Ich muss ständig Entscheidungen treffen, also mache ich auch viele Fehler.«

»Gibt es etwas, das du bereust?« Er dachte lange nach. »Politisch hätte ich manche Dinge anders oder besser machen können«, sagte er dann, »aber trotzdem bereue ich falsche Entscheidungen nicht. Reue wäre ein zu starkes Wort dafür, weil ich immer das Beste für Deutschland erreichen will, auch wenn es manchmal nicht gelingt.« Er schwieg eine Weile, und ich spürte, dass seine Antwort nicht vollständig war. »Ich bereue, dass ich zu wenig Zeit für meine Söhne hatte. Und es tut mir in der Seele weh, dass ich sie nicht beschützen oder ihnen beistehen konnte, als sie in der Schule gemobbt und von manchen Lehrern mies behandelt wurden – und zwar nur aus dem Grund, weil ich ihr Vater bin und diesen linken Lumpen meine Politik nicht gefiel.«

»Warum bist du nicht in die Schule marschiert und hast dich beschwert?«

»Das hätte doch alles noch viel schlimmer gemacht.«

Wir schwiegen. Ich hatte ein Thema angeschnitten, das die verwundbare Seite eines Mannes offenbarte, der in der

Öffentlichkeit wie ein Fels in der Brandung wirkte. Seine Söhne – beide waren »kluge Köpfe«, wie Kohl sagte. Sie hatten unter anderem in Amerika studiert, an den besten Universitäten. Walter, der ältere, arbeitete seit seinem Studienabschluss für einen deutschen Konzern. Peter lebte in London.

»Du lernst sie irgendwann kennen«, sagte Kohl mit einer Gewissheit, die mich überraschte. Wie sollte das denn gehen, dachte ich. Als wen wollte er mich ihnen denn vorstellen? »Den Peter wirst du mögen« fügte Kohl hinzu, »der ist wie du. Der Walter ist ein bisschen schwieriger, der ist wie ich.«

»Aber mit dir komme ich doch bestens klar«, protestierte ich.

»Stimmt, dann wirst du dich mit Walter auch verstehen.« Kohl lachte.

Kennengelernt habe ich Walter und Peter Kohl nie, auch nicht in den folgenden Jahren, die unsere Liebe noch dauern sollte. Ich weiß nicht einmal, ob sie wussten, dass es mich im Leben ihres Vaters gab.

* * *

Noch ein Thema bewegte Helmut Kohl in diesem Frühjahr. Der niedersächsische SPD-Ministerpräsident Gerhard Schröder hatte sich, begleitet von großem Medienrummel, von seiner Frau Hiltrud getrennt – oder sie hatte ihn aus der gemeinsamen Wohnung geworfen, je nachdem, welcher Version der Wahrheit man Glauben schenkte. Denn Gerhard Schröder hatte eine Affäre mit der Münchner *Focus*-Journalistin Doris Köpf, die er dann auch kurz nach der Scheidung von »Hillu« heiratete. Sich verlieben, Trennung, Scheidung, neue Heirat – all das ging sehr schnell und fand unter großer Anteilnahme der Öffentlichkeit statt. »Was denkst du über den Schröder?«, wollte Kohl nun von mir wissen.

»Meinst du als Politiker oder willst du wissen, ob er mir als Mann gefällt?« Ich konnte mir denken, worauf er hinauswollte, aber ich ließ ihn ein bisschen zappeln.

»Als Politiker ist er mir egal«, blaffte Helmut, »aber der hat eine Frau nach der anderen. Jetzt schon wieder eine neue. Der kann sich noch ein dutzendmal scheiden lassen, und die Leute würden es ihm nicht übelnehmen. Wieso eigentlich? Aus welchem Grund verdient er diese Nachsicht?« Kohl war in Fahrt – vermutlich auch ein bisschen neidisch. Er war der Mächtigere, er regierte das Land und seine Partei. Aber Gerhard Schröder hatte die Freiheit, sich in eine viel jüngere Frau zu verlieben und sich scheiden zu lassen, ohne dass sein Posten als Ministerpräsident von Niedersachsen infrage gestellt wurde. Anstatt dass ganz Deutschland in eine Diskussion über Anstand und Moral verfiel, schien das Volk Schröder sein Liebesglück zu gönnen. Das gefiel Kohl überhaupt nicht.

»Hast du deinen Mann eigentlich meinetwegen verlassen?« Schon wieder stellte Kohl mir diese Frage, die ich ihm schon zigmal beantwortet hatte. Nein, erklärte ich geduldig und zählte die Chronologie, die Gründe und die Tatsachen auf, die zum Ende meiner Ehe geführt hatten.

* * *

Noch immer war ich nicht geschieden. Der Rechtsanwalt, den Kohl mir empfohlen hatte, erwies sich als wenig hilfreich. Ich versprach kein lukratives Honorar, also ließ er meine Akten auf seinem Unwichtig-Stapel verkümmern und empfahl mir letztlich sogar, einer fatalen Vereinbarung zuzustimmen, die mir mein Mann vorgeschlagen hatte. Im November 1996 unterzeichnete ich bei einem Notar einen Vertrag, der einen umfassenden Verzicht bedeutete. Mit meiner Unterschrift verzichtete ich auf alles, was mir nach gesetzlichem Scheidungsrecht zugestanden hätte. Als angebliche Abfindung überschrieb mir mein Mann seine Hälfte der Wohnung in Wiesbaden, die bis unters Dach mit Hypotheken belastet war. Dieser Vertrag sei zu meinem Besten, denn seine Firma verdiene kein Geld. Erst später las ich in der Zeitung, dass das Unternehmen für eine Millionensumme an eine große amerikanische Gesellschaft verkauft worden war.

Nun gehörte mir also die Wohnung allein – samt Darlehen. Ich hatte gehofft, mit meiner aufstrebenden Firma bald richtig Geld zu verdienen und mir ein regelmäßiges Einkommen zu erwirtschaften. Aber die Bank durchkreuzte diesen Traum. Ich hatte noch kein festes Einkommen – also stellten sie den Kredit fällig. Die Wohnung, mein Zuhause, unser Liebesnest, wurde verkauft. Der Kaufpreis deckte gerade die Kosten – für mich blieb kaum eine Mark übrig.

Es sollte noch ewig dauern, bis die amtliche Scheidung von meinem Ex endlich vom Gericht ausgesprochen wurde. Ich hatte inzwischen begriffen, welchen fatalen Fehler ich mit meinem Verzicht begangen hatte, und versuchte, den notariellen Vertrag mithilfe eines anderen Anwalts rückgängig zu machen. Leider erfolglos. Während der Scheidungsphase kaufte sich mein Mann nebenbei eine Ferienimmobilie auf Mallorca. Ich war arm wie eine Kirchenmaus.

Helmut Kohl, der in den vergangenen Monaten meiner Jammerei über mein Scheidungs-Schicksal überdrüssig geworden war, war entsetzt, als er von meinem Misserfolg vor Gericht erfuhr. Zudem stapelten sich nun Briefe auf meinem Schreibtisch, die mich verzweifeln ließen: 30.000 Mark hatten die Scheidungsanwälte in Rechnung gestellt. Ich wusste nicht, wie ich diese Summe aufbringen sollte. Ich würde um Stundung bitten müssen, nahm ich mir vor, und fühlte mich elend.

Eines Tages – inzwischen war ich ausgezogen und hatte in Kronberg in der Zeilstraße eine neue Wohnung gemietet – saß Helmut in meiner Küche, zog einen weißen Umschlag aus dem Jackett hervor und legte ihn wortlos auf den Tisch. »Für dich«, sagte er.

»Was ist das?«

»Nimm das bitte – damit zahlst du deine Scheidung.«

Ich öffnete das Kuvert und nahm ein kleines Bündel Geldscheine heraus: 50 braune Tausender.

»Nein«, wies ich seine Gabe zurück, »das ist lieb von dir, aber das kann ich nicht annehmen. Außerdem ist es viel zu viel.« Ich steckte das Geld zurück in den Umschlag und schob ihn über den Tisch.

Kohl schaute mich mit entschlossenem Gesicht an: »Jetzt nimm das. Ich will, dass du auch ein bisschen Geld für dich hast, meine Kleine.«

»Ich zahle es dir zurück, sobald ich kann«, sagte ich dankbar.

Wir sprachen nie wieder über dieses Geld.

* * *

Kurz vor Weihnachten passierte, was mir der Oberarzt in der Mainzer Universitätsklinik prophezeit hatte: Ich bekam erneut einen Hörsturz. Der Stress um meine Agentur, die finanziellen Sorgen und meine heimliche Liebe hatten mir die Grenzen meiner Belastbarkeit aufgezeigt. Als die gleichen Symptome auftraten wie vor einem Jahr und meine Welt unter einer Glocke versank, fuhr ich schleunigst nach Mainz. Die Diagnose erschütterte mich nicht, ich hatte sie erwartet: akuter Hörsturz. Allerdings wies mich der Oberarzt in die Klinik ein. Ich fuhr nur kurz zurück nach Hause, packte eine Tasche mit dem Nötigsten, brachte meinen Hund Tessy zu einer Freundin, rief Helmut an und meldete mich dann auf der Station. Als Privatpatientin wurde mir ein Einzelzimmer zugewiesen – zum Glück. Ich wollte meine Ruhe und mir nicht die Krankengeschichten anderer Patienten anhören müssen. Vor allem aber wollte ich ab und zu mit Helmut telefonieren können. Das verbotene Handy hielt ich unter einem Stapel Zeitschriften auf dem Nachtisch versteckt.

Das Einzelzimmer erwies sich wirklich als Glücksfall. Am nächsten Morgen rief Helmut Kohl an und fragte, ob ich allein im Zimmer liege, er würde mich gern besuchen kommen. »Das geht doch nicht«, entgegnete ich. »Wie willst du unbemerkt durch die langen Klinikflure marschieren und in mein Zimmer kommen?«

»Unbemerkt wird das sicher nicht gehen«, sagte er. »Ich komme nur mit Ecki. Warum sollte denn der Bundeskanzler niemanden im Krankenhaus besuchen dürfen?« Er lachte. Ich war stolz, wenn er mir zeigte, wie wichtig ich ihm bin. Zwar war unsere Liebe den Regeln der Heimlichkeit unterworfen, aber Helmut Kohl stand zu mir – auch wenn es oft ein gewisses Risiko bedeutete.

Eine Stunde später öffnete sich die Tür, und Helmut Kohl trat in mein Krankenzimmer. Er zog einen Stuhl ans Bett, setzte sich und nahm meine Hand. »Was machst du denn für Sachen, meine Kleine«, sagte er mit zärtlicher Stimme und streichelte meinen Arm. »Zu viel Stress meint der Arzt.« »Du darfst dir die Dinge nicht so zu Herzen nehmen«, mahnte er. »Naja, das sagst du so leicht.«

Helmut Kohl blieb eine Stunde an meinem Bett sitzen, wir plauderten. »Stell dir vor, die haben mich auf Diät gesetzt, weil mein Cholesterinwert zu hoch ist. Ich bekomme nicht mal Butter zum Brot«, beschwerte ich mich.

»Du auf Diät! Das ich ja furchtbar. Wenn du als Klappergestell entlassen wirst, beschwere ich mich beim Klinikchef persönlich.«

Plötzlich klopfte es an der Tür. Jemand öffnete einen Spalt und steckte die Nase herein. »Darf ich reinkommen«, fragte der Unbekannte. Kohl schaute mich an, ich zuckte mit den Schultern. »Ja, bitte.« Kohls Stimme klang offiziell. Ein Mann in einem verblichenen hellblauen Bademantel und Adidas-Schlappen trat ins Zimmer, blieb vor dem Kanzler stehen und verneigte sich. »Herr Bundeskanzler, ich wusste doch, dass ich sie erkannt habe. Ich habe sie den Flur entlanggehen sehen und wollte sie fragen, ob sie mir ein Autogramm geben würden.« Der Fremde hielt ihm ein zerfleddertes Paperback-Buch und einen Kugelschreiber entgegen. »In das Buch hier bitte, ich habe nichts anderes«, sagte er und schlug die erste, leere Seite auf.

»Das sieht ja so aus, als würde ich mich als Krimiautor ausgeben«, sagte Kohl und lachte. Er zog seinen eigenen Stift aus dem Jackett, das über dem Stuhl hing, und setzte mit seiner schwungvollen Schrift eine Widmung ins Buch: »Gute Besserung! Ihr Helmut Kohl«. Der Patient strahlte. »Toll«, sagte er. »Das glaubt mir keiner. Da muss man krank werden, damit man den Bundeskanzler trifft. Danke!« Er zog den Knoten seines Bademantelgürtels straff, deutete erneut einen Diener an und verließ das Zimmer.

»Warum kicherst du?«, fragte mich Helmut.

»Wann hat das letzte Mal ein Mann im Schlafanzug einen Diener vor dir gemacht?«

»Ehrlich gesagt, ich erlebe viel – aber das ist neu für mich.« Kohl erhob sich vom Stuhl, nahm sein Jackett und gab mir einen Kuss: »Werd schnell gesund, meine Kleine. Ich kann nicht jeden Tag für eine Autogrammstunde herkommen.«

Als er mein Zimmer verließ, erwartete ihn eine Menschentraube – Patienten im Bademantel oder Jogginganzug. Wer in der Lage war, sich aus seinem Bett aufzuraffen, stand Spalier.

Auf der Station hatte sich schnell herumgesprochen, dass der Bundeskanzler hinter meiner Tür sitzt.

Am 23. Dezember entließ ich mich – gegen den ausdrücklichen Rat des Arztes. Ich wollte an Weihnachten zu Hause sein. Heilig Abend verbrachte ich bei Freunden in Wiesbaden. Sie hatten mich überredet, mit ihnen Weihnachten zu feiern, aber der Abend geriet zu einem emotionalen Desaster. Ich fühlte mich schwach und einsam. Ich war kein angenehmer Gast für meine Freunde, die sich alle Mühe gaben, mich aufzumuntern. Ihr sorgloses Glück und die feierliche Weihnachtsstimmung machten mich unendlich traurig.

Kapitel 9

Zwei Nackte im Kanzler-Pool!

Ich solle ihn doch mal in Bonn besuchen. Schon mehrmals hatte Helmut Kohl diese Einladung ausgesprochen – und immer erschien mir die Vorstellung total verrückt, vor der Tür des Kanzlerbungalows zu stehen und darauf zu warten, dass mir irgendjemand öffnen würde. Bonn, die ehemalige Hauptstadt – das war sein Reich. Hier lag die Welt, die mir verborgen blieb, zu der ich keinen Zutritt hatte, weil die Person Beatrice Herbold in dieser Sphäre überhaupt nicht existierte. Hier herrschte Kohl als Staatschef und Parteivorsitzender. Und vielleicht manchmal, wenn es nötig erschien oder das Protokoll des Bundeskanzleramtes es vorsah, tauchte Hannelore Kohl auf der Bonner Bühne auf. Die treue Ehefrau an der Seite ihres mächtigen Mannes.

Eine heimliche Geliebte war in diesem streng kontrollierten Kosmos nicht vorgesehen. Sie hatte keine Rolle, keine Berechtigung und keinen Anspruch. Ich akzeptierte meine Unsichtbarkeit, ich hatte mich damit abgefunden. An guten, vergnügten Tagen genügten mir die heimlichen Stunden mit dem Mann, den ich liebte und den ich trotz seiner hohen Stellung vermutlich öfter sah als seine Ehefrau.

An dunklen Tagen, meist in den Nächten, wünschte ich mir ein gemeinsames, ganz normales Leben. Wie dieses aussehen sollte, wusste ich nicht. All das waren nur Bilder in meinen Träumen und in meiner Fantasie. Nie stellte ich mir vor, den Platz von Hannelore Kohl einzunehmen. Nie wollte ich die Kanzlergattin sein, die Frau, die dem erfolgreichen Mann den Rücken stärkt, wie man so schön sagt. Niemals – nicht einmal in den schwächsten Momenten meiner verzehrenden Sehnsucht – ließ ich mich zu der Vorstellung hinreißen, Helmut Kohl könne sich während seiner Kanzlerschaft scheiden lassen und mich heiraten. Mir war klar, dass diese Idee ungefähr so nah an der Realität lag wie die Erde von Pluto entfernt um die Sonne kreist – dem äußersten Planeten des Sonnensystems.

Aber nach Bonn fahren und Helmut Kohl im Kanzlerbungalow besuchen – das reizte mich schon. Schließlich hatte er mir unzählige Male von seinen einsamen Abenden mit Akten und Bratkartoffeln erzählt, und ich war neugierig auf seine Zweitheimat. Und – ehrlich gesagt – empfand ich es als einen schmeichelhaften Liebesbeweis, dass er mir seine Bonner Welt zeigen wollte, dass er es wagte, seine Geliebte an einem Ort zu empfangen, an dem er der Staatsmann war. Gewählt mit der wankelmütigen Gunst des Volkes und seiner Partei. Verheiratet, Vater von zwei erwachsenen Kindern – ein Mann ohne Skandale. Vielleicht sogar ein Mann, dem man keine privaten Fehltritte zutraute.

»Jetzt komm schon, besuch mich!«, drängte Kohl eines Tages. Am Samstag bleibe er in Bonn, und kaum jemand sei da. Dann gab er mir genaue Anweisungen, in welcher Straße ich parken sollte; er würde herauskommen, in mein Auto steigen und mit mir gemeinsam aufs Gelände fahren. »Das ist am einfachsten«, entschied er.

Und genau so geschah es. Ich hielt in der genannten Nebenstraße, rief Kohl von meinem Handy aus an und wartete. Plötzlich sah ich ihn auf mich zusteuern. Er öffnete die Beifahrertür, quetschte sich in meinen Audi, beugte sich zu mir, gab mir einen Kuss und sagte: »Schön, dass du da bist.« Es klang selbstverständlich, fast alltäglich.

»Fahr los, meine Süße.« Helmut dirigierte mich zu der Schranke, die alle Fahrzeuge passieren mussten, die ins Zentrum der Macht gelangen wollten. Vor der Schranke hielt ich an, ließ meine Scheibe herunter und lächelte den Wachmann freundlich an. Der Polizist trat an meinen Wagen, beugte sich leicht zu mir herab und fragte höflich: »Kann ich ihnen helfen?«

Ich lächelte. Stumm. Denn ich erwartete – ja was eigentlich? Zähe Sekunden verstrichen, in denen nichts geschah. Der Uniformierte blickte mir ins Gesicht, aber meinen Nebenmann, der wie ein dunkler Monolith den Beifahrerraum meines Autos ausfüllte, nahm er offensichtlich gar nicht wahr. Kohl, dessen Statur überdimensioniert für ein Cabriolet war, klebte mit seinem Kopf am Verdeck und musste von Ferne betrachtet wie ein schwarzes Ungeheuer ausgesehen haben. Jedenfalls erschien er nicht wie ein lebendiger Mensch, eher wie eine Ladung, die jemand mit Gewalt ins Autoinnere gestopft hatte.

Ich lächelte. Noch immer zuversichtlich, denn ich hoffte, der Polizist würde den Mann in meinem Wagen erkennen. »Was kann ich denn nun für Sie tun«, fragte der Wachmann erneut. Seine Stimme war inzwischen in einen etwas ungeduldigeren Tonfall abgeglitten. Langsam erschien mir meine Lage unangenehm. Sollte ich den Rückwärtsgang einlegen und davonfahren wie ein Postbote, der sich in der Adresse geirrt hatte? Ich schaute zu Kohl, der eingezwängt in meinem teuren Auto saß – wie eine Ölsardine in der Blechbüchse.

»Jetzt mach endlich die Schranke auf – ich bin's«, blaffte Kohl aus der Dunkelheit. Der Polizist reagierte wie vom Blitz getroffen: »Natürlich, Herr Bundeskanzler. Entschuldigung, ich habe Sie nicht gesehen.« Gazellengleich sprang der junge Mann in sein Wachhäuschen. Gemächlich hob sich die Schranke, die mir eben noch wie ein unüberwindliches Hindernis erschienen war. Ich legte den Gang ein, gab Gas, und mein Wagen rollte über die prächtige Auffahrt durch den wunderschönen Park, vorbei an der Villa Hammerschmidt, der Residenz des Bundespräsidenten, und vorbei an ausladenden Rasenflächen, deren sattgrüne Makellosigkeit kein einziges Gänseblümchen störte. Kohl ließ mich vor dem Haupteingang anhalten. Er wollte mir zeigen, wie seine Staatsgäste empfangen werden, wo sie aus ihren Limousinen aussteigen, welchen Weg sie nehmen, wo er ihnen die Hand reicht, in welche Räume sie eintreten, auf welchen Sesseln sie sitzen, an welchen Tischen sie tafeln, in welcher Küche die Angestellten werkeln und wie der Rhein funkelt, wenn die Sonne scheint – Kohl wollte mir das Reich zeigen, in dem er der Herrscher war.

Wie ein stolzer Schlossherr begleitete er mich durch die Räume, zeigte auf dieses und auf jenes, wies mich immer wieder auf den Blick zum Rhein hin, ebenso auf die Wand aus Panzerglas, die die Terrasse schützte und im Sonnenlicht in einem hässlichen Grünton schimmerte. Stolz zeigte er mir die Decke aus Halogenleuchten, die er über dem runden Esstisch hatte installieren lassen. »Setz dich mal hier hin, meine Kleine«, sagte er und zeigte auf einen Sessel. »Hier hat Präsident Bush gesessen.« Ich schaute ehrfürchtig auf den Sessel. »Nun setzt dich schon«, befahl Kohl. Ich ließ mich nieder. »Toller Blick, wunderschöne Bäume«, sagte ich. Er freute sich. Er war stolz.

Vom offiziellen Bereich kamen wir in den privaten. Ich durchquerte die Räume und versuchte, mein Entsetzen zu verbergen. Alles sah schrecklich aus, furchtbar hässlich! Die Einrichtung wirkte bieder und spießig, die Zimmer strahlten eine unpersönliche Kälte aus. Schwere dunkelbraune Möbel, viele

Bücher, Perserteppiche mit verwirrendem Muster, Teppichboden in der Küche, sein Schreibtisch, der Fernseher, sein Schlafzimmer. Das seiner Frau lag diagonal gegenüber – in der weitest möglichen Entfernung. Die Zimmer im privaten Bereich waren um das Atrium herum angeordnet. Ein schöner, heller Hof, ausgelegt mit Travertinsteinen, in dem weder Blumenkübel noch eine gemütliche Sonnenliege oder ein Tisch standen. Nur der kleine Pool leuchtete hoffnungsvoll, auf dem Wasser schwamm eine millimeterdünne Schicht Blütenstaub. Alles war sauber, aber die Lieblosigkeit hinterließ einen traurigen Schleier.

»Ich finde es furchtbar«, sagte ich bedrückt. »Fühlst du dich nicht unendlich einsam hier?«

»Ich arbeite ja immer bis spät in die Nacht«, antwortete er.

Ich schaute ihn traurig an.

»Ja, du hast recht. Ich fühle mich manchmal ziemlich einsam hier.«

»Aber der Pool ist toll«, sagte ich, um meine Enttäuschung zu verbergen. »Wie schade, dass ich keinen Bikini mitgebracht habe.«

»Hier brauchst du keinen Bikini, meine Kleine. Hier kann dich niemand sehen. Es gibt weit und breit keine Nachbarn, die reinschauen könnten, so wie bei dir, wo wir selbst am helllichten Tag die Gardinen zuziehen müssen.«

Suchend ließ ich meinen Blick über das Dach und die fernen Bäume schweifen. »Keine Nachbarn, aber garantiert Dutzende Überwachungskameras«, sagte ich – konnte aber keine entdecken.

»Keine einzige«, beruhigte mich Kohl. »Ich habe bei meinem Einzug alle Kameras abmontieren lassen. Ich möchte nicht beobachtet werden in meinen privaten vier Wänden.«

»Wirklich? Niemand, der uns sehen kann?«

»Absolut niemand!« Kohl lächelte herausfordernd. Also zog ich meine Bluse aus, ließ den Rock auf die sonnenwarmen Steine gleiten, schlüpfte aus meinem Höschen und streifte den BH ab. Voller Entschlossenheit trat ich an den Poolrand, atmete einmal tief ein, hob beide Arme über den Kopf, beugte die Knie und sprang kopfüber ins Wasser. Am anderen Ende des Beckens stieß ich wie eine Nixe aus dem Wasser. Meine langen dunklen Haare lagen nass auf dem Rücken, die Wassertropfen auf meinem Gesicht funkelten in der Hitze. Diese kleine Show hatte ich als Jugendliche jeden Sommer im Freibad geübt. Ich wusste, dass ich den Kopfsprung in olympischer Perfektion beherrsche.

»Großartig!« Helmut Kohl stand am Beckenrand und klatschte begeistert in die Hände. »Wie ein Fisch. So möchte ich auch mal schwimmen können.« »Komm rein, das Wasser ist herrlich«, ermunterte ich ihn.

Und wahrhaftig – der Bundeskanzler folgte meinem Locken. Helmut Kohl zog sich aus. Splitterfasernackt. Glücklicherweise sprang er nicht ins Wasser, sondern ließ sich an der Leiter hineingleiten, was in dem kleinen Becken dennoch einen gehörigen Wellengang verursachte. Wir umarmten uns, lachten und spritzten Fontänen in den blauen Sommerhimmel wie übermütige Kinder. Die Sonne war unsere einzige Zeugin, sie behielt unser sündiges Spiel für sich.

Kapitel 10

Vertraust du mir nicht?

An manchen Abenden, wenn sein Tag lang und mühsam war oder ihn irgendeine verbale Attacke der Opposition geärgert hatte, kam Helmut Kohl erschöpft und mürrisch zu mir. Seine Stimmung erkannte ich schon an seinen Schritten, an der Art und Weise, wie er zu mir heraufstapfte. Und wenn er schließlich im Flur stand und noch immer schnaufend die Arme um mich legte, spürte ich seinen Missmut. Aber auch sein Verlangen nach meiner Ruhe und meiner Leichtigkeit. Er sehnte sich nach meiner kleinen liebvollen Welt, seinem Platz an meinem Esstisch, und ich spürte seine Freude auf den gemeinsamen Abend, seine Dankbarkeit, dass ich für ihn gekocht hatte, dass die Kerzen leuchteten und sein Pfälzer Lieblingswein bereits im Eiskühler stand. Nie fiel es mir schwer, ihn aus einer missmutigen Stimmung zu retten. Ich wusste, wie ich ihm Leichtigkeit und Lebensfreude schenken konnte.

Kohl liebte es, mich zum Lachen zu bringen. Manchmal erzählte er mir Geschichten, bei denen ich immer wieder unterbrach und nachfragte: Stimmt das jetzt wirklich oder erzählst du mir einen Witz? Die Geschichte vom Zoo beispielsweise – ich hörte sie mehrmals. Kohl erzählte, wenn es ihm sein Zeitplan erlaube, gehe er gern in den Zoo. Einmal sei er mit Mitarbeitern, aber ohne Sicherheitsbeamte im Berliner Zoo gewesen. Als er aus dem Affenhaus ins Freie trat, habe ihn eine ältere Frau angesprochen. Sind Sie der Kohl, habe die Dame gefragt. Er habe bejaht, er plauderte ja gern mit Leuten. Daraufhin habe ihn die Berlinerin völlig entsetzt angeschaut und gefragt: Dürfen Sie denn überhaupt frei herumlaufen?

Solche Anekdoten mochte er. Und egal, ob sie wahr oder erfunden waren – ich mochte sie auch. Ich hörte ihm gern zu, wenn er erzählte.

* * *

»Den Strauß konntest du nicht leiden, stimmt's?«, fragte ich Helmut Kohl an einem unserer Plauderabende. »Wie kommst du darauf?«, fragte er. Fast nie antwortete er direkt auf solch eine Frage, sondern hörte sich zuerst meine Meinung an oder ließ sich meine Theorie erklären. »Naja, ihr seid ja ziemlich unfreundlich miteinander umgegangen. Aber wahrscheinlich seid ihr euch zu ähnlich«, analysierte ich. »Ihr seid beide aufbrausend und herrisch, aber tief im Herzen empfindsam, was ihr allerdings nicht zugeben wollt. Ihr seid charmant, aber auch ziemlich narzisstisch.«

»Ich bin doch nicht narzisstisch«, widersprach Helmut, um dann wieder zum eigentlichen Thema zurückzukommen. »Weißt du, abseits der Öffentlichkeit haben wir uns immer verstanden. Wir hatten oft gegensätzliche Meinungen und haben uns heftige Debatten geliefert, aber wir haben uns immer respektiert.«

»Aber Strauß hat dich in seinen Reden doch furchtbar hart angegriffen, er hat dich sogar einen Provinzpolitiker genannt.«

»Das stimmt wohl, aber wir haben uns immer wieder persönlich getroffen und uns jedes Mal ein bisschen angenähert. Wir sind sogar zusammen wandern gegangen.«

»Das glaube ich nicht!«

Und dann erzählte mir Helmut Kohl eine Geschichte: Einmal seien sie beide mit Hut und Sonnenbrille ausgerüstet in der Partnachklamm bei Garmisch-Partenkirchen wandern gewesen – nur zu zweit. In ihre Diskussion vertieft, seien sie den schmalen Weg entlangmarschiert, ohne zu bemerken, dass ein Gewitter aufzog. Schließlich blitzte, donnerte und regnete es so heftig, dass sich die Wanderer unterstellen mussten. Während des Ausharrens scherzten sie und stellten sich die Schlagzeilen vor, die dieser Ausflug provozieren könnte: Kohl und Strauß gemeinsam vom Blitz erschlagen. Nachdem das Gewitter abgezogen war, traten sie den Rückweg an. Der Weg war rutschig und schlammig. Da Franz Josef Strauß Sommerschuhe mit Ledersohlen trug, sei er bei jedem Schritt auf den nassen Steinen ausgerutscht. Strauß, der eh nicht gut zu Fuß und zudem deutlich älter war, habe schließlich gestreikt. Er habe sich dickköpfig geweigert weiterzugehen. Also musste er, Kohl, den Bayerischen Ministerpräsidenten schließlich Huckepack aus dem Wald schleppen – zusammen mit den Butterbroten, die Marianne Strauß für die Wanderung geschmiert hatte. Strauß habe darauf bestanden, sie selbst zu tragen.

Ich lachte, was Helmut Kohl immer glücklich machte.

»Aber es gibt noch eine viel schlimmere Geschichte von uns beiden«, sagte er – angespornt von meiner Fröhlichkeit.

»Erzähl!« Ich wischte mir die Lachtränen von den Wangen und schnappte nach Luft.

»Also gut«, sagte Kohl und gab eine weitere Strauß-Story zum Besten. Ecki habe ihn eines Tages zu Franz Josef Strauß an den Tegernsee gefahren, dort seien beide Politiker in den BMW des Bayerischen Ministerpräsidenten eingestiegen und gemeinsam Richtung Alpen gefahren, um wieder eine Wanderung zu unternehmen. Auf dem Rückweg sei plötzlich der Tank leer gewesen – mitten auf der Autobahn. Der BMW schaffte noch ein paar

Meter, dann blieb er stehen. Zu Zeiten, in denen es noch kein Handy gab, musste man sich selbst aus der Not helfen. Also seien sie ausgestiegen, erzählte Kohl, hätten vorschriftsmäßig ein Warndreieck aufgestellt und seien dann zu zweit eng an der Leitplanke entlang losmarschiert – entgegen der Fahrtrichtung und dicht hintereinander, Strauß mit Benzinkanister in der Hand. Die Autos, die ihnen entgegenkamen, hätten gehupt und die Fahrer wie wild gewinkt oder die Daumen nach oben gereckt – alle glaubten, die Doppelgänger von Kohl und Strauß seinen unterwegs. Sogar der Tankwart habe belustigt reagiert. Wir seien großartige Doubles, habe er die beiden echten Männer gelobt. Sogar die Dialekte von Kohl und Strauß hätten wir super drauf.

* * *

Erstaunlicherweise haben Helmut Kohl und ich nie gestritten. Wir konnten leidenschaftlich über ein Sachthema diskutieren oder auch über eine Person, zu der wir unterschiedliche Ansichten vertraten. Helmut Kohl konnte oft unerbittlich sein in seinem Urteil – Nachsicht gehörte nicht gerade zu seinen hervorstechenden Charaktereigenschaften. Einmal erzählte ich ihm, dass ich beim Einkaufen einen Obdachlosen gesehen hatte. »Mitten in Kronberg, wo so viele Millionäre wohnen!«, sagte ich, noch immer erschüttert von meinem Erlebnis.

»Die sind selbst schuld. Jeder ist seines Glückes Schmied«, fand Kohl. Wieder so ein Spruch, dachte ich und blickte ihn ratlos an: »Selbst schuld? Was meinst du damit?«

»Niemand muss obdachlos sein. Wer arbeitet, verdient in Deutschland genug Geld, um sich eine kleine Wohnung und Essen leisten zu können.«

Ich traute meinen Ohren kaum. »Aber so einfach ist das nicht«, widersprach ich ihm und versuchte, meine Enttäuschung über sein hartes Urteil zu verbergen. »Nimm mal meine Situation: Wenn ich geschieden bin, bekomme ich keinen Pfennig von meinem Ex. Meine Agentur verdient zu wenig, damit ich mir ein angemessenes Gehalt auszahlen könnte. Und auf dem Konto habe ich kaum Ersparnisse. Ist das auch alles meine Schuld?«

»Jeder ist seines Glückes Schmied«, wiederholte Kohl. Ich ließ das banale Sprichwort ohne Kommentar stehen. Manchmal machte eine Diskussion mit ihm einfach keinen Sinn.

Hin und wieder, wenn mir sein Blick auf die Menschheit toleranter schien, versuchte ich, seine Sicht etwas zu mäßigen, ihn milder zu stimmen. Mich verletzte, wenn er so hart und prinzipientreu urteilte. »Versetz dich doch auch mal in seine Lage«, mahnte ich mitunter, wenn er wieder einmal jemanden abkanzelte. Bei meinem Satz gruben sich Kohls schachbrettartige Falten noch tiefer in die Stirn ein. Ich sei viel zu vertrauensselig, sagte er. Er sei im Leben so oft enttäuscht und hintergangen worden, dass er lieber Vorsicht walten lasse und anderen Menschen nur selten einen Vertrauensvorschuss gewähre.

An diese Überzeugung, die er mir in den vergangenen Jahren mehrmals erklärt hatte, musste ich denken, als Helmut Kohl mir zu meinem Geburtstag im Mai ein sehr schönes und zudem wertvolles Geschenk übereichte. Er mochte es, wenn Frauen Schmuck trugen, und er hatte mir ja bereits mehrere Ketten, Armbänder und einen wertvollen Rubinring geschenkt. Dieses Mal öffnete ich ein flaches schwarzes Lederetui und fand eine Brosche, eingebettet in schwarzem Samt: eine Rose, deren Blütenblätter aus Rosenquarz geformt waren. In der Mitte, der Knospe, prangte ein prächtiger Diamant. Kleinere Diamanten verzierten den goldenen Stiel und die Blätter. Das Schmuckstück war traumhaft schön.

Noch während ich die blassrosa funkelnde Rose bewunderte, machte ich eine Entdeckung, die mein Herz stocken ließ. Im

Seidenfutter des Etuideckels prangte ein unförmiges Loch mit unsauberen gezackten Rändern. Irgendjemand hatte mit einem scharfen Werkzeug den Stempel herausgeschnitten, mit dem renommierte Juweliere in der Regel ihre Etuis kennzeichnen. Ich musterte die zerfranste Zerstörung. Noch drei Buchstaben konnte ich lesen: ein Relikt, das vermutlich von einem e stammte, und dann »im«. Mannheim, vermutete ich. Juwelier Braun in Mannheim. Von diesem Geschäft hatte mir Helmut Kohl schon einmal Schmuck geschenkt, allerdings ohne Loch im Deckelfutter.

»Hast du das gesehen?«, fragte ich Kohl und hielt ihm das Innere der Schachtel direkt vors Gesicht. Mhm, brummte er. In meinem Gesicht erkannte er offensichtlich, dass meine Freude über das großzügige Geschenk langsam schwand und sich ein anderes, bedrohliches Gefühl ausbreitete. »Was ist das?«, fragte ich Kohl und bemühte mich, meine Tränen zurückzuhalten. Wie viele Männer auch, die für ihre beruflichen Konkurrenten die gefürchtetsten Gegner sein konnten, wich Kohl im Privatleben einem Streit lieber aus. »Jetzt lass mal«, beschwichtigte er mich, »diese Schachtel ist ja nicht so wichtig. Gefällt dir die Brosche, meine Kleine? Leg sie doch mal an. Lass mal sehen, wie sie an deiner Bluse aussieht.«

Ich war zu zornig, um mich mit liebenswürdigen Worten abspeisen zu lassen. Ich wollte Klarheit. Ich wollte meinen Verdacht widerlegt oder bestätigt haben. »Hast du den Stempel aus dem Futter geschnitten?«, funkelte ich Helmut mit meinen dunklen Augen an. Ich sah, wie unwohl er sich fühlte. »Manchmal ist es besser, wenn man keine Spuren hinterlässt«, antwortete er. Eine ausweichende Antwort, aber für mich die Bestätigung, dass ich richtig lag mit meiner Vermutung.

»Welche Spuren? Hast du Angst, dass ich irgendjemandem verrate oder vielleicht sogar damit prahle, dass der Kanzler der

Bundesrepublik Deutschland mir diese Brosche geschenkt hat und als Beweis dieses Etui herzeige? Und was für eine Art Beweis wäre das? Kaufst du da all den Schmuck, den du verschenkst? Ist der Juwelier aus Mannheim der Hoflieferant des Bundeskanzleramts?« Ich war stinksauer. Ich schmetterte ihm meine Enttäuschung und Wut ins Gesicht.

»Beruhige dich!«, forderte Helmut.

Aber ich wollte mich nicht beruhigen. Keinesfalls wollte ich mich einfach so beruhigen und wieder seine harmlose »Kleine« sein. »Vertraust du mir nicht?« Bei dieser Frage brach ich fast in Tränen aus. Nicht heulen, dachte ich. Gib dir nicht die Blöße und fang an zu heulen.

Kohl, dem ich in meiner hilflosen Wut vermutlich eher leidtat, als dass er sich schuldig oder ertappt fühlte, griff nach einem meiner Handgelenke. Er zog mich an seinen mächtigen Körper. »Komm her«, sagte er und schloss mich in seine Arme. Er drückte mich fest an sich. Mir fehlte der Atem, um weitere Schimpftiraden auf ihn abzufeuern.

»Weißt du, warum ich diese Brosche für dich ausgesucht habe, meine Kleine?«, fragte Helmut Kohl. Ich wusste, gleich würde eine kleine, gemeine Stichelei kommen, die meine Wut aufweichen und mich zum Lachen bringen sollte. Ich würde keinesfalls lachen, nahm ich mir fest vor. Nicht einmal die Mundwinkel würde ich nach oben ziehen.

»Ich dachte, es wäre praktisch, wenn du die Rose beim Duschen trägst. Am Stiel sind diese gefährlichen Stacheln, die werden am Siphon hängenbleiben – da kannst du nicht durchrutschen.« Was für ein blöder Witz, dachte ich und fühlte, wie ein Lachanfall sich durch meine Kehle zwängte und aus mir herausbrach. Kohl schaute mich triumphierend an. Auf seinem Gesicht lag das zufriedene Lächeln eines Siegers.

* * *

Die Rosenbrosche habe ich übrigens sehr oft getragen und viele Komplimente dafür bekommen. Und nie habe ich die neugierigen Fragen meiner Freunde oder Mitarbeiter beantwortet, woher das Schmuckstück stamme und ob es ein Geschenk sei. Das Etui habe ich weggeworfen. Noch in derselben Nacht, nachdem Helmut Kohl meine Wohnung verlassen hatte, habe ich das schwarze Lederkästchen schwungvoll in den Müll befördert. Weg damit, dachte ich. Weg mit diesem Streit und diesem Misstrauen. Ich lasse nicht zu, dass irgendeine zerstörerische Macht an unserer Liebe frisst.

Kapitel 11

Ein Geständnis am Küchentisch

Die Monate vergingen, und es kam das Jahr 1998. Es war ein Schicksalsjahr für Helmut Kohl, und es war ein Schicksalsjahr für unsere Liebe. Der mächtige CDU-Politiker erlitt eine bittere Niederlage bei der Bundestagswahl im September. Und unsere Liebe verlor ihre Leichtigkeit. Der eine Verlust zog den anderen nach sich.

Eigentlich begann unser gemeinsames Jahr hoffnungsvoll. Da Helmut Kohl wusste, dass der Wahlkampf bald seinen Terminkalender verstopfen und seine ganze Kraft erfordern würde, besuchte er mich so oft wie möglich. Wir verbrachten ruhige Abende miteinander, genossen unsere Zweisamkeit, und ich versuchte, ihm das zu geben, was er für die kommenden Monate brauchen würde: Energie, Zuversicht, Kampfeswillen, Freude, Lebenslust.

Oft saßen wir abends beisammen und redeten über die Zukunft, das heißt, Helmut Kohl redete. Ich stellte vorsichtig tastende Fragen. Natürlich interessierten mich seine Zukunftspläne, aber ich wollte ihm nicht das Gefühl geben, diese in irgendeiner Weise beeinflussen zu wollen.

Ein paar Monate zuvor, im Herbst 1997, hatte Kohl in einem Interview erklärt, er wünsche sich Wolfgang Schäuble, den damaligen Vorsitzenden der CDU/CSU-Bundestagsfraktion, als

Nachfolger. Seitdem hatte er an meinem Esstisch immer wieder davon gesprochen, bald mehr Zeit zu haben. Wenn er nicht mehr im Amt sei, werde er sein »Leben komplett ändern«. Diese Worte klingen noch immer wie ein Versprechen in meinen Ohren. Er würde gern mit mir reisen, zum Great Barrier Reef in Australien zum Beispiel. Wir schmiedeten Pläne und träumten von Reisezielen, die exotisch waren und auf fernen Kontinenten lagen, ganz anders jedenfalls als der Wolfgangsee oder Hofgastein in Österreich.

»Ich werde mein Leben komplett ändern« – das wiederholte er mehrmals. »Dann fange ich noch mal neu an und werde viel Zeit für dich haben, meine Kleine«, sagte er und streichelte meinen Arm. Komplett – dieses Wort benutzte er immer wieder, und ich weiß, dass er damit nicht nur das Ende seiner Kanzlerschaft meinte.

Ich wusste nicht, ob ich ihm glauben sollte, ob die Zukunft wirklich so aussehen würde, wie er sie in unseren zärtlichen Stunden in meiner Kronberger Dachgeschosswohnung für mich, seine »Kleine«, beschrieb. Hier lebten wir wie in einer Glücksblase, fern von der politischen Bühne und abseits jeder Öffentlichkeit. Es mag sein, dass er es in meiner friedlichen Wohlfühl-Oase wagte, Träume auszusprechen, ohne darüber nachzudenken, welchen Mut und welche Konsequenzen es erfordern würde, sie umzusetzen.

Trotz nachträglicher Zweifel bin mir sicher, dass ich verstand, was er mir mitteilen wollte, ohne dass er die Botschaft klar formulierte. So tat er es oft, wenn die Dinge noch nicht reif waren, ausgesprochen zu werden. Auch heute, zwei Jahrzehnte nach diesen denkwürdigen, sehr ernsthaften Gesprächen, glaube ich daran, seine Botschaft damals richtig interpretiert zu haben: Er würde nicht noch einmal als Bundeskanzler antreten. Er würde an seinen Nachfolger Wolfgang Schäuble übergeben.

Warte ab, es dauert nur noch ein paar Monate, dann bin ich frei für ein neues Leben. Genau das war seine Botschaft an mich – ob das die tiefe, innere Wahrheit war oder nur das Wunschdenken eines verliebtes Mannes, mag ich heute nicht mehr zu beurteilen.

Am Ende kam alles ganz anders, als ich es mir gewünscht hatte: Helmut Kohl, damals bereits dienstältester Kanzler in der Geschichte des Landes, trat doch noch einmal als Kanzlerkandidat seiner Partei an. Plötzlich wollte er Deutschland selbst ins neue Jahrtausend führen. Er glaubte fest daran, gewinnen zu können, er freute sich sogar auf »die Schlacht«, die er im Wahlkampf gegen den Kandidaten der SPD, Gerhard Schröder, schlagen musste. Außerdem hatte er ein großes Projekt noch nicht erfolgreich beendet zu diesem Zeitpunkt: Noch war der Euro nicht durchgesetzt. Sogar der Bundestag stimmte erst am 23. April 1998 der Einführung der gemeinsamen europäischen Währung zu. Es gab noch unfertige Vorhaben, die dem Patrioten historische Größe sichern sollten und die er den »Menschen da draußen im Lande«, wie er gern sagte, versprochen hatte. Erst danach, wenn all seine staatsmännischen Vorhaben auf einen guten und sicheren Weg gebracht wären und er das Volk ins neue Jahrtausend geleitet hätte, würde er ausziehen aus dem Bundeskanzleramt.

»Und was ist, wenn du die Wahl verlierst?«, gab ich zu bedenken, wenn er es in meiner Küche wieder einmal übertrieb mit seiner eigenen Bedeutsamkeit. »Willst du dann etwa Tennis spielen«, fragte ich. »Nein, ich gehe dann reiten«, sagte Helmut. »Bitte nicht, der arme Gaul!« Wir mussten beide laut lachen. Anfang des Jahres 1998 konnte Kohl noch flapsige Sprüche ertragen, denn er war sich absolut sicher, die Wahl zu gewinnen. Gerhard Schröder, »dieser Kerl mit seinen Zigarren«, schien ihm damals noch kein ernst zu nehmender Gegner zu sein.

Kohl, der Kanzler der Einheit, wurde inzwischen der »ewige Kanzler« genannt. Er glaubte fest daran, dass allein er die Entscheidung in der Hand hielt, wann diese Ewigkeit zu Ende sein würde.

Noch einmal als Kanzlerkandidat antreten? Ich verstand nicht, was passiert war, warum Helmut Kohl seine Meinung plötzlich geändert hatte. »Aber übergibst du nicht an Wolfgang Schäuble, so wie du es geplant hattest? Du hast es ja doch vor ein paar Monaten sogar öffentlich verkündet«, fragte ich ungläubig. Natürlich, er hatte mir seine Gründe genannt, wortreich das Warum erklärt. Alles, was er sagte, klang nachvollziehbar, irgendwie. Aber das war nur ein Teil der Gründe, vermutete ich. Das waren die erklärbaren, die für die Öffentlichkeit bestimmt waren. Irgendetwas blieb unausgesprochen. Ich spürte es. Ich sah es in seinen Augen. Ich hörte es am Klang seiner Stimme.

»Vergangenes Jahr hast du mir doch mehrmals gesagt, er sei dein sicherer Nachfolger, dafür hättest du ihn aufgebaut. Und jetzt sei die Zeit gekommen, dein Lebenswerk an ihn zu übergeben«, insistierte ich. »Und du hast sogar gesagt, die Menschen wollten ein neues Gesicht, also nicht mehr dich, sondern einen anderen Kanzler.«

Ein Mann wie Kohl fällt große Entscheidungen gemächlich und mit Bedacht. Und er widerruft sie nicht – außer es liegen schwerwiegende Gründe vor. Irgendetwas musste passiert sein.

»Genug ist genug!« Kohl war ungehalten.

Mich überzeugten seine Worte nicht. Ich wusste, auf welch schmalem Grat ich nun balancierte. Drängte ich weiter, riskierte ich, dass Kohl zornig und laut wurde. Aber tief in mir ruhte die unerklärliche Gewissheit, dass ich seine abwehrende Haltung aufweichen konnte. Ich spürte, dass er reden wollte. Es musste ein Geheimnis geben, das den Bruch zwischen ihm und Wolfgang Schäuble erklärte. Vermutlich schleppte er seine

Enttäuschung über den Freund, dem er vertraut hatte »wie einem Bruder«, seit Monaten mit sich herum. Er wollte die Last loswerden – vielleicht heute, in dieser Stunde. Vielleicht an meinem Esstisch, in einer geschlossenen Welt, aus der nichts in seinen politischen Kosmos sickerte. Und vielleicht wollte er den ihn bedrückenden Schatten bei mir loswerden, bei seiner heimlichen Liebe. Ich verfolgte weder persönliche noch politische Interessen, ich stand loyal hinter ihm, und jeder Kommentar, den ich abgeben würde, nachdem ich ihm geduldig zugehört hatte, wäre getragen von Verständnis und Liebe. Ich liebte diesen Mann mehr als jeden anderen Menschen auf der Welt. Das wusste Helmut Kohl. Vielleicht waren all diese Gründe überzeugend genug für seine Offenheit, die nur den richtigen Moment gebraucht hatte.

»Wolfgang Schäuble hat viel Geld genommen von einem Dreckskerl.«

Ich schaute Kohl still an, suchte seinen Blick. Ich schwieg, um das Geständnis nicht zu unterbrechen.

»100.000 Mark, mindestens.«

»Von wem?«

»Der Kerl heißt Schreiber, ein Lump. Der Name sagt dir wahrscheinlich nichts. Ein Waffenhändler.«

Doch, der Name sagte mir etwas. Ich erinnerte mich, in der Zeitung über einen Mann namens Karlheinz Schreiber gelesen zu haben. Die Staatsanwaltschaft ermittelte gegen ihn, und er hatte sich in ein anderes Land abgesetzt.

»Weißt du das sicher?«, fragte ich Kohl.

»Ja, ganz sicher. Ich weiß es. Woher ist egal. Und jetzt beenden wir das Thema.«

Ich schwieg. Ich wusste, jedes weitere Wort wäre zu viel in dieser fragilen Stunde.

* * *

Es sollte zwei Jahre dauern, bis ich die Tragweite des Geständnisses an meinem Küchentisch verstand. Vor dem Untersuchungsausschuss, der 1999 nach Aufkommen der Spendenaffäre eingesetzt wurde, gab Wolfgang Schäuble im Januar 2000 zu, von Karlheinz Schreiber im Jahr 1994 Bargeld in Höhe von 100.000 Mark erhalten zu haben – eine Spende an die Partei, wie er sagte. 1995 habe es ein weiteres Treffen mit dem Waffenhändler gegeben, gestand Schäuble dann ein paar Wochen später ein. Die Schatzmeister der Partei hätten das Geld als »sonstige Einnahme« verbucht.

Angeblich, so jedenfalls die Version von Schäuble, habe Schreiber ihm das Geld in einem Umschlag übergeben, den er dann ungeöffnet an Schatzmeisterin Brigitte Baumeister weitergeleitet habe.

Baumeister, die damalige Hüterin der Kassen, widersprach Schäubles Darstellung. Im Untersuchungsausschuss sagte sie aus, sie habe einen Umschlag bei Schreiber abgeholt und bei Schäuble abgeliefert. Später habe sie 100.000 Mark von Schäuble erhalten, die jedoch tauchten dann in keinem Rechenschaftsbericht der CDU auf. Auch Schreiber mischte sich mit seiner Version der Wahrheit in die Aufarbeitung ein: Er erstattete Anzeige gegen Schäuble wegen Meineids. Am 16. Februar 2000 trat Schäuble plötzlich als CDU-Chef und Fraktionsvorsitzender zurück.

Offen blieb die Frage, ob Schreiber zweimal 100.000 Mark überreicht hatte: einmal als Spende für die CDU und einmal als Bestechungsgeld für jemanden, der sein Rüstungsprojekt unterstützen sollte. Diese Frage konnte nie abschließend geklärt werden. Die Ermittlungen gegen Schäuble und Baumeister wurden schließlich eingestellt. Die Berliner Staatsanwaltschaft sah keinen hinreichenden Tatverdacht für eine Anklage.

All das erfuhr ich im Jahr 2000, fast täglich gab es damals Neuigkeiten über den seltsamen Fluss von Geld innerhalb der CDU. Jeden Tag las ich mehrere Zeitungen und schaute sämtliche Nachrichtensendungen im Fernsehen an. Mich interessierten jedes Wort, jede Aussage, jeder Widerspruch, jeder Streit und jede Spekulation, die mein Wissen bestätigen oder widerlegen würden. Nie hatte ich den Verdacht, Helmut Kohl könnte mich damals angelogen haben. Warum auch? Er hatte mir zwar keine Beweise genannt für seine Beschuldigung gegen Schäuble, dennoch erschien mir seine tiefe Enttäuschung über den ehemaligen Freund die einzige schlüssige Erklärung zu sein, warum Kohl ihn letztendlich als Nachfolger fallen ließ und warum er selbst noch einmal als Kanzlerkandidat antrat.

Leider konnte ich Helmut Kohl im Jahr 2000, als die Hintergründe der Affäre aufgearbeitet wurden, nicht mehr nach der Wahrheit fragen. Unsere Beziehung war damals bereits beendet. Ich gehörte nicht mehr zu seinen Vertrauten.

* * *

Schon im Frühjahr 1998 bemerkte ich, wie ausgelaugt Helmut Kohl war. Er blieb, wie immer, zwei Wochen in Hofgastein, aber dieses Mal sollte ihm die Kur nicht die Kraft geben, die er brauchte, um »die große Schlacht« zu schlagen – noch einmal zu schlagen. Ich beobachtete ihn aufmerksam und mit Sorge, denn ich sah einen Mann, dessen Lebenslust und Kampfgeist geschwunden waren. Helmut Kohl wirkte müde, mürrisch und kraftlos. Seine Schritte schienen schleppend und schwer, wenn wir durch die Natur spazierten – langsamer und schweigender als in früheren Jahren. Was mir besonders schmerzhaft auffiel: Er bemerkte die kleinen Schönheiten nicht. Früher hatte er mir oft begeistert erste Frühlingsanzeichen gezeigt, zarte Knospen und kleine Blumen, oder er hatte mich auf das monotone Tropfen von Tauschnee aufmerksam gemacht und auf die wärmende Kraft der Sonne hingewiesen. Auch einem glutroten Sonnenuntergang konnte er offensichtlich keine Freude mehr abgewinnen. Noch im Vorjahr hatte er mich oft auf den Balkon gelockt, um das Spektakel gemeinsam zu genießen.

All das fand nicht mehr statt. Sein Blick für die kleinen Wunder schien vernebelt. Hinzu kam, dass er Menschen anblaffte, die ihm freundlich entgegenkamen. Auch mich kanzelte er manchmal in einem Ton ab, der mich verstummen ließ – noch wehrte ich mich nicht gegen derbe Worte und barsches Gehabe. Ich dachte, diese unleidliche Phase gehe vorüber, ähnlich wie bei einem pubertierenden Teenager, bei dem man einfach mit Nachsicht abwarten muss, bis er wieder normal wird. Das geht nicht gegen dich, er meint es nicht böse, tröstete ich mich und versuchte, seine Lieblosigkeit mit stoischer Fürsorge und zärtlicher Geduld auszugleichen.

Dennoch, ehrlich gesagt, hatte ich Angst. Unsere Liebe stand vor einer ersten schweren Belastungsprobe, und ich war mir nicht sicher, ob wir sie bestehen würden.

* * *

Am Ende seines Osterurlaubs stieg er in seine Staatskarosse und fuhr zurück in den Bonner Alltag. Er wahrte Haltung und Zuversicht, aber ich spürte, dass ihn das Kommende bedrückte. Das Fasten hatte ihm keine Kraft geschenkt. Nach zwei Wochen Auszeit in seinem geliebten Hofgastein fuhr er davon – ausgelaugt und erschöpft. Fast in einem desolateren Zustand, als er angereist war.

Nun kam er seltener nach Kronberg, meist wirkte er ein bisschen gehetzt. Ich solle nicht kochen, mir keine Mühe machen, er habe nur wenig Zeit, kündigte er meist vorher am Telefon an. Wenn er dann aber an meinem Tisch saß, die Rouladen dampften und er die Weinflasche entkorkt hatte, ergriff ihn meist eine dankbare Ruhe. Dann begann er zu reden – immer wieder über Wolfgang Schäuble. Die Enttäuschung über den Freund hatte sich in sein Herz gefressen. Nie mehr sprach er über Geld, aber er sagte oft, wie enttäuscht er sei, dass er sich von Schäuble hintergangen fühlte. Manchmal, im größten Zorn, nannte er seinen Vertrauten »einen Dreckskerl« und unterstellte ihm »einen schlechten Charakter«.

Ihm persönlich kreidete er an, dass er seinen Plan, auf eine erneute Kandidatur zu verzichten, widerrufen musste. »Es ist ein Dilemma«, sagte Helmut. »Jahrelang habe ich ihn als Nachfolger aufgebaut, und nun das. Ich habe keinen anderen, dem ich das Amt anvertrauen kann. »Norbert Blüm?«, schlug ich vor. Es war der erste Name, der mir einfiel – ein hilfloser Versuch. »Ausgeschlossen!« Kohl schaute mich verbittert an. »Und die Merkel?«, sagte ich. »Hör auf mit dem Unsinn! Es gib niemanden, der das kann!«

Der politische Gegner – »die anderen«, wie Kohl die SPD meist nannte – wurde indes immer stärker. Gerhard Schröder tourte mit großem Selbstbewusstsein durchs Land – 14 Jahre jünger, frisch verliebt und voller Energie und Kampfeslust. Er gewann Sympathien und vor allem immer mehr Prozentpunkte in den Umfragen.

Helmut Kohl nutzte jede Chance, um sich im Fernsehen als der erfahrene Staatsmann zu präsentieren, der das Land durch unsichere Zeiten führen kann. Doch auch die Menschen schienen zu bemerken, was mir Sorgen machte: Kohl wirkte müde, kraftlos und fahrig. Ich hatte den Auftrag, mir jeden Auftritt von ihm anzuschauen. Danach rief er an und stellte mir die gefürchtete Wie-war-ich-Frage, denn oft wirkte er weder überzeugend noch war er gewinnend. Manchmal erschrak ich, wie pampig Kohl auf unliebsame Fragen reagierte. »Du solltest vielleicht etwas öfter lächeln im Fernsehen und ein bisschen charmanter sein, wenn du auf Fragen antwortest – auch wenn sie dir nicht gefallen«, riet ich ihm in möglichst diplomatischen Worten. »Soll ich etwa so auftreten wie der Schröder, vielleicht mir noch eine dicke Zigarre anzünden und einen teuren italienischen Anzug anziehen?« Er wollte Lob und Bewunderung hören, aber kein ehrliches Urteil, auch keinen Rat. Und dabei war ich vermutlich eine der wenigen, die es überhaupt wagten, ihm eine ehrliche Meinung zu sagen und ihn zu kritisieren.

Ich erinnere mich an einen Abend, an dem er der Zukunft voller Misstrauen entgegensah. Wieder einmal klagte ich über meine Scheidung und das Versagen des Frankfurter Anwalts, den er mir empfohlen hatte. Er gab mir Ratschläge, was ich nun tun sollte – erstens, zweitens, drittens. Da stand ich vom Tisch auf, kam zurück mit einem Notizbuch. »Was machst du mit dem Buch?«, fragte er. »Ich schreibe mir auf, was du eben gesagt hast, damit ich es nicht vergesse.« So hielt ich es immer – alles Wichtige schrieb ich in ein kleines Buch.

»Das ich eine gute Idee«, sagte Helmut, »das muss ich auch machen.« Er zog seinen dünnen schwarzen Faltkalender aus der Jackettasche und schrieb eine kurze Notiz hinein. »Ich muss mir auch so ein Notizbuch zulegen«, sagte er. »Wenn wir die Wahl verlieren, werden sie die Wahrheit verfälschen und mir einen Strick daraus drehen wollen. Ich muss unbedingt alles ganz genau aufschreiben, um mich abzusichern. Die Geschichte muss korrekt erzählt werden.«

Kohl hatte offensichtlich dunkle Vorahnungen. Manchmal wirkte er wie ein Verfolgter oder er deutete an, gegen ihn braue sich etwas zusammen. Doch zu diesem Zeitpunkt, im Sommer

1998, gab es noch keine Hinweise auf eine Enthüllung. Noch war sein persönliches Desaster der Spendenaffäre nicht über ihn hereingebrochen. Das alles sollte noch kommen.

Kapitel 12

Was wird aus unserer Liebe?

Und dann kam der September – ein schicksalhafter Monat. An einem Sonntag, am 13. September, klingelte mein Telefon. Mein Noch-Ehemann rief an, nachdem wir seit Jahren nur noch über unsere Anwälte kommuniziert hatten. Morgen sei doch unser Scheidungstermin, sagte er. »Gehst du hin?« Ich wunderte mich über seinen Anruf, sah es aber als freundschaftliches Zeichen. Ab morgen wären wir geschiedene Leute, vielleicht wollte er ein neues, friedliches Kapitel mit mir beginnen. »Ja, sicher«, sagte ich. »Wir können auch gern danach zusammen mittagessen, es wäre ein versöhnlicher Abschluss unserer Ehe.«

Er sei leider in Paris, sagte mein Mann, und könne gar nicht kommen. Es sei ja bereits alles geregelt und unterschrieben. Der Termin morgen bedeute nur einen amtlichen Akt, bei dem wir beide nicht auftauchen müssten.

Also blieb ich zu Hause und wartete auf die Mitteilung meiner Anwältin, dass meine Scheidung nun endlich erledigt sei. Sie rief an – völlig erbost. »Sie haben sich von Ihrem Exmann reinlegen lassen«, fuhr sie mich an. »Er war da und hatte vor Gericht seinen großen Auftritt. Er hat der Richterin detailliert aufgezählt, was er Ihnen alles Gutes getan hat, wie fürstlich er Sie versorgt hätte und wie viele wertvolle Geschenke Sie von ihm bekommen haben. Ich konnte leider nichts mehr für Sie tun. Sie hätten selbst da sein müssen, um das zu widerlegen.«

Ich war erschüttert und endlos traurig. Mich tröstete nicht einmal mehr der Gedanke, dass ich nun endgültig frei war und ein neues Leben beginnen konnte. Als Helmut Kohl mich am Abend anrief, heulte und jammerte ich ins Telefon. »Ach, meine Kleine«, sagte er. »Was ist nur los? Nichts funktioniert mehr: deine Scheidung, meine schlechten Umfragewerte, meine kranke Frau, der Schäuble – alles nur noch Ärger.«

Ich war wütend, und Helmut Kohl versank im Selbstmitleid. Was für ein trauriges, deprimiertes Paar wir doch geworden sind, dachte ich. »Jetzt lach mal«, sagte ich, um uns beide ein bisschen aufzumuntern. Es war der falsche Satz. »Es gibt nichts zu lachen«, brummte Helmut ins Telefon.

Die Bundestagswahl rückte näher. Noch einmal besuchte mich Helmut Kohl in meinem kleinen Reich unterm Dach. Dieses Mal wirkte er nicht mutlos, eher aufgekratzt, voller trotziger Kampfeslust. Ich hatte gekocht, wie üblich. Wir gingen kaum noch essen. »Ich hoffe, du hast heute Schokoladenkuchen für mich«, verlangte Kohl schon an der Wohnungstür. »Du solltest nicht so viel Süßes essen. Das tut dir nicht gut«, mahnte ich und kniff in seinen Bauch. »Das brauche ich jetzt«, sagte er, und es klang, als dulde er keinen Widerspruch.

Also hielt ich ihn nicht davon ab, nach dem Steak noch zwei Stück Schokoladenkuchen zu verdrücken – seine gute Laune blieb erhalten. »Vielleicht gewinnen wir doch noch«, sagte Helmut plötzlich. »Ich werde doch nicht gegen so einen wie den Schröder verlieren. Wer ist das überhaupt? Ein Nichts!«

Ich wunderte mich über seinen trunkenen Optimismus, denn die Umfragewerte sprachen gegen jegliche Hoffnung auf einen Wahlsieg. »Du bist ein Kämpfer«, sagte ich, drückte ihm einen Kuss auf die Wange und legte ein Geschenk auf den Tisch. »Für dich.« Er öffnete das Päckchen und hob eine gelbe Krawatte mit hellbraunem Rautenmuster aus dem flachen Karton. »Ich habe sie für den Wahltag gekauft«, sagte ich. »Vielleicht bringt sie dir Glück.«

»Erinnerst du dich an diesen Rabauken, der mich mit Eiern beworfen hat in Halle«, fragte Helmut Kohl plötzlich. »Ja, sicher. Das habe ich damals im Fernsehen gesehen. Du bist losgerannt, als wolltest du dich auf ihn stürzen und ihn verprügeln.«

Helmut lachte. »Wollte ich ja auch.«

Die Bilder sind mir im Kopf hängengeblieben. 1991, bei einer Kundgebung in Halle, klatschten plötzlich Eier, Tomaten und Farbbeutel auf Kohls grauen Anzug; einige trafen ihn sogar am Kopf. Erbost rannte der Bundeskanzler auf das Absperrgitter zu und griff wütend in die Menge, um den Angreifer zu erwischen. Es dauerte eine Weile, bis es den Leibwächtern gelang, den wütenden Kanzler wegzuziehen, denn immer wieder schüttelte Kohl auch seine Leute ab. Während dieser Rangelei prasselten weiter Eier auf ihn und seine Leute.

»Das war am 10. Mai 1991«, erinnerte er sich. Wieder einmal war ich fasziniert davon, wie genau sich Helmut Kohl an Daten, Namen und Ereignisse erinnern konnte. Auch wenn schon Jahre vergangen waren, war er imstande, aus seinem Elefantengedächtnis Details abrufen, welche die meisten Menschen längst vergessen hatten. »Dieser langhaarige Vollidiot dachte, er könne es mit mir aufnehmen, aber da hatte er sich verrechnet.« Kohl war eindeutig in aufgekratzter, kampfesmutiger Stimmung an diesem Abend. »Ich bin einfach auf ihn losgerannt. Andere Politiker hätten sich sicher hinter ihren Leibwächtern versteckt.«

»Du meinst einen bestimmten von der SPD, oder?«

»Genau den. Der Schröder hätte erstmal seinen teuren Anzug in Sicherheit gebracht.« Kohl schmunzelte. Die schicken

Anzüge des niedersächsischen Ministerpräsidenten ließen ihm offensichtlich keine Ruhe.

»Warum hast du eigentlich gegen den Typen damals keine Anzeige erstattet? Er wurde doch erwischt.«

»Ach, dieser transportable Pöbelhaufen«, sagte Helmut und machte eine abwertende Handbewegung.

Ich musste lachen. »Wie kommst du nur auf diese lustigen Wörter?«

»Ja, ist doch so. Wie soll ich denn einen Idioten wie den sonst nennen?«

»Hat er sich nicht später sogar bei dir entschuldigt?«

»Hat er. Und dann hat er gesagt, ich müsste mich auch entschuldigen für mein Versprechen, das ich gegeben und angeblich nicht gehalten hätte.«

»Für die blühenden Landschaften in den neuen Bundesländern?«

»Genau, aber was hätte ich den Menschen denn damals sagen sollen? Dass es erst einmal richtig bergab geht? Dass es Generationen dauern wird, bis sich der Osten an den Westen angleichen wird? Ich wollte den Menschen doch Hoffnung machen. Sie sollten sich auf die Zukunft und auf ein neues Leben freuen. Und natürlich hatte ich selbst gehofft, dass der Aufbau dieses maroden Landes schneller gehen würde. Jede einzelne Straße war kaputt, die ganze Infrastruktur war eine Katastrophe. Heute werfen mir die Leute vor, denen ich die Einheit gebracht habe, ich hätte Illusionen geweckt und meine Versprechen nicht erfüllt.«

Helmut Kohl war laut geworden, aber der temperamentvolle Monolog sollte nur seine Nachdenklichkeit überdecken. Fast traurig sah er aus, wie er an meinem Tisch saß und gedankenverloren ein paar Kuchenkrümel auf dem leeren Teller hin- und herschob. Die deutsche Einheit galt unbestritten als Meisterwerk seiner Politik. Jede Kritik an dem Erreichten empfand er als ungerecht und unfair – und zwar persönlich. Als wollten Miesmacher und Quertreiber seine Leistung als Bundeskanzler verunglimpfen.

»Man muss den Leuten doch Hoffnung geben«, sagte er. Fast klang es wie ein Ringen um Verständnis.

»Erinnere dich doch, was du mir vor Jahren über Adenauer erzählt hast«, forderte ich ihn auf. Er schaute mich fragend an. »Weißt du, was ich meine? Als Konrad Adenauer dich ins zerbombte Berlin mitnahm.« Natürlich erinnerte sich Helmut Kohl, aber weil ich das Gefühl hatte, er wollte seine eigene Geschichte nun von mir hören, begann ich sie zu erzählen: »Du und Adenauer, ihr habt doch damals eine Familie besucht. Die Leute hatten alles verloren, sie besaßen nichts mehr außer Bett, Stühle und einen Tisch. Und auf dem Tisch stand ein Blumenstrauß. Adenauer versuchte, den armen Leuten Mut zuzusprechen. Er sagte, Deutschland werde wieder aufgebaut …«

»Er sagte, Deutschland werde ganz neu entstehen.« Helmut hakte ein, um mich zu korrigieren. »›Es geht aufwärts. Sie werden sehen‹, versprach er ihnen.«

»Stimmt. Und dann?«, fragte ich. Sollte er weitererzählen. Es war seine Geschichte.

»Ja, als wir draußen waren und auf der Straße standen, um uns herum nur Schutt und Asche, sagte ich zu Adenauer: ›Wie können Sie so etwas versprechen? Es gibt keine Hoffnung, alles ist kaputt. Die Menschen haben weder Arbeit noch Geld, sie haben alles verloren, sie haben nichts mehr.‹ Und Adenauer antwortete: ›Das stimmt, aber haben Sie die Hoffnung nicht gesehen?‹ Ich schüttelte den Kopf. Ich hatte Armut, Hunger, Zerstörung gesehen – aber keine Hoffnung. Und dann sagte Adenauer etwas, das ich nie vergessen habe: ›Auf dem Tisch standen Blumen. Das bedeutet Hoffnung. Die Menschen geben nicht auf, solange sie Blumen pflücken.‹«

»Das war klug«, sagte ich und drückte Helmuts Hand.

»Ja, das war ein prägendes Erlebnis für mich«, sagte er. »Damals war ich jung und unerfahren, aber ich habe sofort begriffen: So muss ein großer Politiker sein. Er muss den Menschen Hoffnung geben, selbst wenn die Lage aussichtslos scheint.«

»Genau das hast du ja auch gemacht, als du den Ostdeutschen blühende Landschaften versprochen hast. Du bist auch ein großer Politiker.« Nun wollte ich Helmut Kohl Mut machen – auch wenn ein Triumpf illusorisch schien. Ich hatte kein gutes Gefühl für den Ausgang der Wahl. Aber ich wollte nicht, dass Helmut Kohl an diesem Abend, unserem letzten vor der Bundestagswahl, deprimiert meine Wohnung verlässt. Er sollte wegfahren wie in unseren besten Zeiten: begleitet von meiner Liebe und erfüllt von Optimismus und Leichtigkeit.

»Wir sehen uns am Sonntag in Bonn«, sagte ich, als wir uns zum Abschied umarmten. »Ich werde mich in die vorderen Reihen kämpfen und ich ziehe etwas Farbiges an, damit du mich erkennst, wenn du auf der Bühne stehst.« Mit einem wehmütigen Gefühl im Herzen hielt ich seine ganze Fülle umschlungen. Die Wahl würde nicht nur über sein Schicksal als Politiker entscheiden, sondern auch über unsere Liebe. Das wusste ich. Die Vorahnung lastete wie ein Wackerstein auf meiner Seele.

* * *

Der Tag der Bundestagswahl kam, der 27. September 1998. Ich ließ mir Zeit am Morgen, frühstückte gemächlich, drehte mit meinem Hund Tessy eine Runde, las Zeitung, räumte meine Wohnung auf, erledigte die Buchhaltung für meine Agentur. Mit jeder Beschäftigung versuchte ich, die Zeit zu überbrücken, bis ich am Nachmittag zur Wahlparty der CDU nach Bonn fahren würde. Um Punkt 18 Uhr würden im Konrad-Adenauer-Haus, der damaligen Geschäftsstelle der CDU, die ersten Hochrechnungen bekannt gegeben. Bis zu diesem Moment zählte ich die Stunden und Minuten, aber an diesem Sonntag schienen sie im Schneckentempo dahinzukriechen. Später stand ich lange vor meinem Kleiderschrank, probierte dieses und jenes an, kombinierte Grün mit Gelb, dann Rot mit Blau. Letztlich entschied ich mich für ein leuchtend grünes Kostüm. Damit würde ich garantiert aus der Masse der Anzugträger herausstechen. So würde Helmut mich in seiner Anhängerschar nicht übersehen.

Es war wenige Minuten vor 18 Uhr. Ich stand in einem Pulk junger, nervöser CDU-Mitglieder, neben mir meine Nichte, die ich als Alibi-Begleitung mitgenommen hatte. Um uns herum aufgeregtes Geschnattere, Gläserklirren, nervöses Gekicher. Es war heiß. Männer wischten sich mit weißen Taschentüchern über ihre glänzenden Gesichter. Einige Frauen zogen ihre Blazer aus. Über den Köpfen hing eine satt-schwere Wolke aus Parfüm, Bierdunst und Angstschweiß. Als der große Zeiger an der Uhr seine letzte Runde drehte, verstummte der Saal. Alle Augen richteten sich auf den Bildschirm, auf dem in wenigen Sekunden die Ergebnisse der Hochrechnung auftauchen würden. Mir war schlecht – wegen der Luft, wegen der Aufregung und wegen der Ergebnisse, die gleich in die Realität platzen würden.

»Das ist historisch, das ist historisch!« Ich hörte erschrockene Ausrufe, das Stöhnen und Klagen. Kohl hatte die Wahl verloren. Eindeutig. Nach Auszählung aller Stimmung sollten es später 35,1 Prozent für die CDU sein, die SPD erreichte 40,9 Prozent. Der nächste Bundeskanzler hieß Gerhard Schröder.

Als Helmut Kohl nach dem Schock auf die Bühne im Konrad-Adenauer-Haus trat, sah ich einen traurigen, müden Kämpfer. Er trug meine glücklose gelbe Krawatte. Ich erinnere mich nicht, was er damals sagte, wahrscheinlich hörte ich gar nicht richtig zu. Es schmerzte mich, ihn so zu sehen – enttäuscht und tief erschöpft. Wie gern hätte ich den geliebten Mann umarmt und getröstet. Wie gern hätte ich seine Hand genommen und ihm vom Ort der Katastrophe weggezogen. Nun stand ich hier in der Menge, nur wenige Meter entfernt, und dennoch schien mir Helmut Kohl, der gestürzte Bundeskanzler, unerreichbar weit entfernt.

* * *

Ich fuhr zurück nach Kronberg, ohne dass wir miteinander gesprochen hatten. Als ich zu Hause die Wohnungstür aufschloss, sah ich meinen Anrufbeantworter blinken – ein Relikt aus vordigitalen Zeiten, das ich noch immer benutzte, damit Helmut Kohl mir seine Nachrichten hinterlassen konnte. Ich holte mir ein Glas Wasser, setzte mich in den Sessel und hörte seine Botschaft ab: »Nun haben wir also verloren, meine Kleine«, sagte er. »Was für ein schlimme Niederlage.« Seine Stimme klang leise und so traurig, wie ich sie noch nie gehört hatte. »Ich bin müde, ich gehe jetzt ins Bett und rufe dich morgen an. Schlaf gut.«

Es dauerte lange, bis ich in dieser Nacht Schlaf fand. Ich lag im Bett, beobachtete das marmorierte Lichtmuster an meiner Decke. Sobald draußen am Haus ein Auto vorbeifuhr, wanderte ein Lichtkegel durch mein Schlafzimmer und verschwand wieder. Meine Gedanken ließen mich nicht zur Ruhe kommen. Was sollte nun werden – aus Helmut, aus unserer Liebe, aus mir? Ich fand keine Antworten. Noch immer hatte ich das Bild vor Augen, Kohl auf der Bühne stehend, wie er vor seinen geschockten Parteifreunden um Fassung und würdige Worte rang. All die Jahre hatte ich Helmut Kohl, den mächtigen Staatsmann, als den Unbesiegbaren gesehen. Mit seinem gewichtigen, dennoch wendigen Körper, seinem Pragmatismus, seiner

Selbstsicherheit und seiner Fähigkeit, für alle Probleme eine Antwort parat zu haben, erschien er mir wie ein Mann, dem die Widrigkeiten des Lebens nichts anhaben können. Als ich ihn kennenlernte, 1990 in Hofgastein, thronte er auf dem Höhepunkt seiner Macht. Und nun, seit wenigen Stunden, hatte er all das verloren, was ihn ausmachte: das mächtige Amt und vor allem die Aufgabe, seinem Land zu dienen. Was sollte aus ihm werden, dachte ich. Helmut Kohl kannte und konnte doch nur eines: Politik.

Und was wird aus uns? Diese Frage quälte mich noch viel mehr. Unsere Beziehung hatte bisher nahezu reibungslos funktioniert, fast sorglos – trotz der schwierigen Konstellation. Nie mussten wir komplizierte Ablenkmanöver erfinden oder uns in verworrene Lügennetze verstricken – und das, obwohl er Bundeskanzler war. Obwohl oder weil? Lieferte ihm seine Entourage aus Fahrern, Bodyguards und anderen Getreuen die Sicherheit und den Schutz für sein Doppelleben? Die Ehefrau in Oggersheim – niemand aus seinem Gefolge würde es wagen, Hannelore Kohl einen Hinweis auf meine Existenz zu geben. Und ich in Kronberg, weit genug entfernt und zudem verschwiegen, unsichtbar und loyal – wie ein mächtiger Mann es von seiner Geliebten erwartete.

Würde sich unsere Tarnung aufrechterhalten lassen, wenn der Schutz des hohen Amtes wegfiel? Würden diejenigen, die von unserer Liebe wussten, weiterhin vornehm schweigen, auch wenn es Pflicht und Staatstreue ihnen nicht mehr auferlegten? Und auf welchen Schutz seiner Privatsphäre kann sich ein ehemaliger Bundeskanzler berufen? Natürlich, der ehrenvolle Titel bleibt ihm erhalten, wenn auch mit dem Zusatz a.D. versehen – außer Dienst. Garantieren ihm diese beiden harmlos erscheinenden Buchstaben weiterhin die Macht, über sein Privatleben zu wachen? Alles Heimliche blieb im Verborgenen, weil niemand es gewagt hatte, Kohl auf Gerüchte anzusprechen – falls es überhaupt solch ein Gerede gab, was ich nicht wusste. Keiner würde es jemals wagen, hatte er mir vor langer Zeit einmal versichert. Helmut Kohl hatte recht behalten. Bis jetzt.

Das Klingeln des Telefons weckte mich am Morgen. »Bist du schon wach, meine Kleine?«, fragte Helmut. Ich schielte auf meinen Wecker. Sieben Uhr. »Jetzt ja«, sagte ich und versuchte, meine quälende Müdigkeit abzuschütteln. »Wie geht's dir?« Mit dieser Frage begann jedes Telefonat – auch dieses Mal nur ein höflicher Auftakt: »Das ist eine bittere Niederlage, daran lässt sich nichts beschönigen«, sagte Kohl. »Mir tut es leid für all die Mitarbeiter und Abgeordneten, die nun ihre Sitze im Parlament verlieren. Ich hätte nicht befürchtet, dass wir dermaßen abgestraft werden. Wofür eigentlich!«, sagte er – und es klang wie ein zorniger Vorwurf.

»Es tut mir so leid«, sagte ich. »So leid für dich, du hast gekämpft wie ein Löwe.«

»Ja, das habe ich. Aber nun ist es vorbei.«

Wir schwiegen. Ich hörte seinen schweren Atem.

»Die nächsten Wochen werden anstrengend«, fuhr er fort. »Ich muss mein Büro räumen und an den Schröder übergeben. Ich weiß selbst nicht, was mich erwartet.«

Dieser Satz sollte mir vermutlich klarmachen, dass wir uns seltener sehen würden.

* * *

Noch war er Bundeskanzler, nur wenige Tage noch. Am 17. Oktober 1998 würde Helmut Kohl von seinem Amt entbunden werden. An diesem Tag sollte der Große Zapfenstreich in Speyer stattfinden, diesen Ort hatte sich Helmut Kohl selbst ausgesucht.

Noch einmal kam mich der Bundeskanzler zu Hause besuchen, noch einmal kochte ich für den »Kanzler der Einheit«, noch einmal verbrachten wir innige Stunden in meiner Wohnung.

Die Stimmung an diesem Abend schwankte zwischen Gelöstheit und Angst, zwischen Zärtlichkeit und Frust, zwischen Mut und Verzagtheit. Es waren Stunden, in denen unsere Liebe wie ein kleines Boot über die unruhige See schlingerte. Er wolle nicht, dass ich zum Großen Zapfenstreich komme, eröffnete Helmut Kohl mir plötzlich nach dem Essen. Dabei legte er das schwere Silberbesteck, Erbstücke meiner Großmutter, vorsichtig auf dem Porzellan ab. Gabel und Messer akkurat ausgerichtet, die Griffe ragten über den rechten Tellerrand.

»Meine ganze Familie wird da sein«, sagte Kohl. »Politische Weggefährten, Freunde, Journalisten aus der ganzen Welt – es sind zu viele Menschen da.«

Er schaute mich an. Ich schwieg und kämpfte gegen den stechenden Schmerz in meiner Brust. Er wollte mich nicht dabeihaben, dachte ich. Nach all den gemeinsamen Jahren sollte ich in dieser historischen Stunde zu Hause bleiben und den Zapfenstreich im Fernsehen anschauen – das konnte nicht sein Ernst sein!

»Komm bitte nicht«, sagte Kohl. Der Satz traf mich mitten ins Herz.

»Warum nicht?«

»Es ist zu gefährlich. Ich habe ein schlechtes Gefühl. Irgendetwas braut sich gerade gegen mich zusammen. Ich weiß nicht was, aber ich spüre es. Außerdem weiß ich gar nicht, wo ich dich platzieren soll. Du fällst nur auf.«

»Du kannst mich doch bei deiner politischen Verabschiedung nicht zu Hause lassen. Das kann nicht dein Ernst sein, oder?« Ich sprach laut, viel zu laut und zu schnell. Ich fühlte, wie mir die Contenance entglitt, langsam verlor ich die Fassung.

»Es wäre besser, wenn du zu Hause bleibst.«

»Was?« Meine Stimme überschlug sich. Nicht heulen, befahl ich mir. Ja nicht weinen! »Wo ist dein Kampfgeist hin. Seit wann gehst du auf Nummer sicher? Ich erinnere mich an Situationen, in denen ich vorsichtig sein wollte und du gesagt hast, es ist dir egal, was die Leute denken. Hast du das vergessen?« Ich griff Kohl an. Ich schrie fast.

Helmut Kohl schaute mich erschrocken an. So wütend und entrüstet hatte er mich noch nie erlebt.

»Na vielleicht willst du mich ja ganz aus deinem Leben verbannen. Schluss mit der Kanzlerschaft und Schluss mit Beatrice.« Jetzt schlug meine Wut um in Zickigkeit, ein Charakterzug, den Kohl an mir nicht kannte.

»Nein, wie kommst du denn auf so einen Blödsinn. Das eine hat mit dem anderen nichts zu tun.« Seine Worte klangen energisch, trotzdem fühlte ich mich wie ein lästiges Anhängsel, das er loswerden wollte.

»Jetzt komm her, meine Kleine. Hör auf mit dem Theater.« Helmut Kohl griff nach meiner Hand und zog mich ins Schlafzimmer. »Lass uns nicht streiten. Ich mag das nicht.«

Ich mochte es auch nicht. Ich wollte keinen Streit mit dem Mann, den ich von Herzen liebte. Aber ich wollte mich auch nicht behandeln lassen wie eine Geliebte, die man disponieren konnte – je nachdem, wie es dem Herrn beliebt. Ich wollte mehr sein für Helmut Kohl. Seine Vertraute, seine Weggefährtin. Ich wollte der wichtigste Mensch in seinem Leben sein – weil ich wusste, dass ich es all die Jahre war. Diese Gunst wollte ich nicht verlieren.

Das Begehren ließ unseren Streit verdampfen. Helmut Kohl hatte es nicht eilig an diesem Abend. »Hol doch noch ein Glas Wein«, bat er mich und stopfte alle Kissen unter seinen Kopf. Ich stand auf, schlüpfte in sein übergroßes weißes Hemd und ging in die Küche. Als ich die Weinflasche, Gläser und eine

Schale mit Knabbereien auf das Silbertablett stellte, hörte ich hektisches Rascheln und Poltern. Kohl stürzte nackt aus dem Schlafzimmer, die Tür fiel hinter ihm ins Schloss. »Da ist jemand am Fenster«, sagte er.

Ich musste schmunzeln: »Keine Sorge, das ist ein Eichhörnchen auf dem Balkon.«

»Da spioniert einer. Jemand beobachtet uns.«

»Quatsch. Das ist mein Freund, ein Eichhörnchen. Das besucht mich fast jeden Tag, wenn es auf seiner Sammeltour ist. Ich lege Nüsse in die Balkonkästen, die klaut es heraus, und eine Nuss hinterlässt es mir immer auf dem Balkontisch, wahrscheinlich als Dankeschön.«

Kohl schaute mich ungläubig an. Dann drehte er sich um, stapfte entschlossen wie ein »Tatort«-Kommissar zur Balkontür und öffnete sie. Auf dem kleinen Tisch lag mein Geschenk. Kohl nahm die Walnuss, hielt sie zwischen seinen großen Fingern und betrachtete sie wie ein Weltwunder. Dann drehte er sich um zu mir: »Das ist unglaublich, meine Süße!«, sagte er lachend.

»Ich wusste gar nicht, dass du vor einem kleinen Eichhörnchen Angst hast. Ich dachte, du bist ein gefährlicher Löwe.«

»Du bist frech, meine Süße.« Diesen Satz hatte ich schon lange nicht mehr gehört. In diesem Moment klang er wie die schönste Liebeserklärung der Welt.

* * *

Zwei Tage später rief mich Helmut Kohl an: »Was machst du gerade?« »Ich bin zu Hause und bringe meine Buchhaltung in Ordnung«, entgegnete ich.

»Also gut, du kommst mit nach Speyer«, sagte Kohl, »aber stelle dich darauf ein, dass ich keine Zeit für dich habe. Und du sitzt beim Ecki. Und noch was: Zieh nichts Auffälliges an.«

»Ist Schwarz unauffällig genug?« Sein Anruf ärgerte mich. Er duldete mich also doch bei seiner Verabschiedung. Und er gab mir Befehle, wie ich mich zu verhalten hatte. Beides empfand ich als Demütigung. Aber ich ging hin. Wenigstens aus der Ferne wollte ich dabei sein, wenn Helmut Kohl seine große Karriere als Politiker beendete. Ich wollte die Emotionen dieser Stunde erleben und ihm beim Großen Zapfenstreich nah sein – so nah es ging.

Hunderte Menschen hatten sich am 17. Oktober am Platz vor dem Kaiserdom in Speyer versammelt. Helmut Kohl schritt mit festem Schritt die Ehrenformation der Bundeswehr ab, neben ihm Volker Rühe, der damalige Verteidigungsminister. Ich saß auf den Ehrenplätzen neben Ecki und einem Freund, Franz Wenger, und konnte sein Gesicht kaum sehen, aber ich spürte seine Wehmut und seinen Abschiedsschmerz.

Als er die ersten Worte sprach, befürchtete ich, die Gefühle würden ihn übermannen. Er begrüßte den Bundespräsidenten, Exzellenzen – und schließlich seine Landsleute aus der pfälzischen Heimat. Bei diesen Worten brach fast seine Stimme. Ich drückte meine Handtasche auf den Schoß und hielt den Atem an. Es schmerzte mich, seine Rührung zu erleben. Erst als sich Helmut Kohl der »Einheit der deutschen und europäischen Geschichte« und der Verantwortung für die Zukunft widmete, hatte er sich wieder in Griff. 16 Jahre lang hatte er als Bundeskanzler zu den Menschen gesprochen – dieses war seine letzte Rede.

Die Verabschiedung wird ewig in meinem Gedächtnis bleiben, nicht nur weil mit Helmut Kohls Kanzlerschaft ein Kapitel deutscher Geschichte zu Ende ging. Auch mein Leben würde sich ändern. Das wusste ich.

Die Fackeln leuchteten in der Dunkelheit, Kommandos hallten über den Platz, Musik ertönte, auf dem Hügel strahlte der Kaiserdom. Kohl hatte sich »Des großen Kurfürsten Reitermarsch« gewünscht, den Choral »Nun danket alle Gott« und die »Ode an die Freude« von Beethoven, die heutige Europahymne. Ich saß still auf meinem Stuhl und sog die feierlich-pompöse Atmosphäre in mich auf. Was wird kommen, dachte ich. Was wird der Neuanfang bringen? An diesem Abend klammerte ich mich an meine Zuversicht.

Jahre später, Kohl und ich waren schon getrennt, las ich in seinem »Tagebuch 1998 – 2005«, was er über den Abend des Abschieds in Speyer geschrieben hatte: »Meine Gefühle lassen sich nicht in Worte fassen«, schrieb er. »Als Junge hat man uns beigebracht, dass ein Mann keine Rührung zu zeigen hat. Eine dümmliche Vorstellung, finde ich. Warum sollte ein Mann in einer konkreten Situation nicht das Recht haben, zu weinen? Wenn mir etwas nahegeht, sehe ich nicht ein, warum ich das verbergen soll.«

Ich weiß nicht, ob Helmut Kohl nach der Wahlniederlage oder beim Abschied von seinen Getreuen geweint hat. Wir haben nie darüber gesprochen.

Ich fuhr in der Dunkelheit in einer seltsam verlorenen Stimmung nach Hause. Endlos traurig fühlte ich mich und ein bisschen einsam, dennoch wollte ich dem nagenden Pessimismus in mir nicht nachgeben. Nicht aufgeben, dachte ich, positiv denken, so wie es meine Großmutter mir beigebracht hatte. Als ich die Wohnungstür aufschloss, blickte ich sofort zum Anrufbeantworter – kein Blinken des roten Lämpchens. Helmut Kohl hatte mir also keine Nachricht hinterlassen. Er rief in dieser Nacht auch nicht mehr an. Auch am nächsten Tag hörte ich nichts von ihm.

Kapitel 13

Komm lieber nicht, der Gottschalk ist da

Es begann eine schwierige Zeit. Wir sahen uns mehrere Wochen nicht. Helmut Kohl musste das Kanzleramt an seinen Nachfolger übergeben. Diese Aufgabe schränkte seine Freiheit ein. Und im Kalender standen keine Termine und keine Reisen mehr. Jeden Tag, meist spät in der Nacht, rief er an. Schon am Klang seiner Stimmte konnte ich seine Laune erfassen. Oft war er missmutig und frustriert. Meist beklagte er sich über Gerhard Schröder. »Der ganze Mann ist Show.« Diese Feststellung war oft der Auftakt, um seine Geringschätzung für den Neuen auszudrücken, der nun sein Lebenswerk übernahm. »Sei nicht so streng in deinem Urteil«, mahnte ich manchmal. »Wie warst du denn damals, als du von Helmut Schmidt übernommen hast?«

»Wie soll ich denn gewesen sein?«, knurrte Kohl. »So wie heute.«

Ich unterdrückte mein Lachen, um ihn nicht zu verärgern. »Ich erinnere mich, dass du mir mal erzählt hast, dass Schmidt in deinen Augen damals ein abgehalfterter, alter Typ war.«

»War er ja auch.«

»Am Ende seiner Kanzlerschaft war er jünger als du heute.«

Kohl nuschelte etwas ins Telefon, das ich nicht verstand. Ich fragte nicht nach.

* * *

Diese nächtlichen Telefonate strengten mich an. Oft lag ich schon im Bett und versuchte, mich wachzuhalten, bis er endlich anrief. Mit dem Telefonklingeln drang dann der geballte Frust seines Tages in meine abendliche Ruhe. Helmut Kohl saß in jenen Nächten allein im tristen Kanzlerbungalow, den Gerhard Schröder ihm zur weiteren Nutzung überlassen hatte, und schüttete sein bedrücktes Herz bei mir aus. »Das hat mir alles der Schäuble eingebrockt«, jammerte er immer wieder. Klang seine Stimmung wehleidig, versuchte ich, ihn zu trösten. War er aggressiv, redete ich wie eine Erzieherin auf ihn ein. Und wenn er sich in Selbstmitleid suhlte, dann munterte ich ihn auf und malte ihm eine rosige Zukunft aus. Ich wusste, er brauchte unsere nächtlichen Gespräche wie die Luft zum Atmen. Bei wem sonst hätte er sein Klagelied singen können? Bei wem hätte er seine Schwäche derart schonungslos offenbaren können? Ich war sein Anker in diesen Wochen. Am Telefon spielte ich die Starke und Optimistische, was mich oft Überwindung kostete, denn auch mich quälten Zweifel, Kummer und Zukunftsängste. Und auch ich hatte niemanden, mit dem ich meine Gedanken teilen konnte. Selbst meine beste Freundin wusste nicht, wie eng meine Beziehung zu Helmut Kohl geworden war. Es gab niemanden, der eingeweiht war in unser Geheimnis. Niemanden, mit dem ich reden konnte. Ich fühlte mich allein. Eine Einsamkeit, die wie ein dicker Elefant auf meiner Seele saß, weil meine eigene Hoffnung keinen Anker hatte. In diesen Wochen gab es keine gemeinsamen Abende, auf die ich mich freuen konnte. Es gab nicht mal eine Verabredung für irgendwann. »Ich muss zuerst das Land ordentlich und sortiert übergeben«, sagte Helmut Kohl jedes Mal, wenn ich vorsichtig nachfragte, wann wir uns denn sehen würden.

»Mach dir keine Sorgen, alles wird gut. Wir schaffen das schon.« Diese Aufmunterung hatte ich unendlich oft aus seinem Mund gehört. Nun gebauchte ich seine Worte, um ihm Zuversicht zu schenken.

»Warum bleibst du eigentlich in diesem schrecklichen Kanzlerbungalow wohnen«, fragte ich Helmut Kohl eines Nachts. Ich vermutete, dass nicht nur der Verlust der Macht auf sein Gemüt drückte, sondern auch dieser leblose, dunkle Ort. »Wo soll ich denn sonst wohnen?«, fragte er wie ein bockiges Kind.

»Fahr doch wenigstens nach Oggersheim«, schlug ich vor.

»Nein, dann lieber hier.« Helmut Kohl litt unter der Krankheit seiner Frau, die wegen ihrer Lichtallergie tagsüber in Dunkelheit lebte und kaum noch das Haus verließ. Er redete wenig über sie, er beklagte sich nicht, aber immer wieder deutete er an, dass er künftig in Berlin leben werde. In der Caspar-Theyß-Straße hatte er eine Wohnung gekauft, die nun saniert wurde. Die Aussicht, bald dort einziehen zu können, stimmte ihn optimistisch. »Du wirst sehen, alles wird sich regeln«, sagte er. Wenn er über die Wohnung sprach, flackerten Optimismus und Freude in seinen müden Augen auf. Er beschrieb mir jedes Zimmer, den Ausblick und erzählte mir von den Renovierungsarbeiten, um die er sich natürlich nicht selbst kümmerte. Für praktische Dinge, wie Umbau und Einrichtung, hatte Helmut Kohl weder Talent noch Geduld. »Komm nach Berlin und schau dir alles an«, forderte er mich mehrmals auf. Ich lehnte ab. Die Berliner Wohnung betrachtete ich als das Reich seiner Ehefrau. Niemals hätte ich gewagt, es zu betreten.

Es dauerte Monate, bis Helmut Kohl sich in sein Leben als Bundeskanzler a. D. gefügt hatte. Irgendwann schien er einen neuen Rhythmus gefunden zu haben. Seine Laune besserte sich, seine Lebenslust kehrte zurück, und wir nahmen das wundervolle Ritual unserer verliebten Abende wieder auf.

In meiner Modelagentur hatte ich inzwischen einige internationale Stars der Agentur Todd Shemarya Artists aufgenommen, die ich in Europa vertrat, darunter die Hollywood-Schauspieler Brad Pitt, Will Smith, Daryl Hannah, aber auch Sandra Speichert, Tim Ross und Joey Kelly. Helmut Kohl interessierte sich brennend für meine prominenten Klienten. Mit neugieriger Freude saß er an meinem Tisch, ließ sich die Sedcards zeigen und vertiefte sich in die »Steckbriefe« meiner Models und Prominenten. Die losen Fotos fasste ich später in einem Headsheet zusammen, was eine Neuerung in meiner Branche bedeutete. Und dann dauerte es nicht lang, bis ich all meine Klienten im Internet präsentierte. In dieser Entwicklung war ich Pionierin, meine Agentur gehörte weltweit zu den ersten, die ihre Models im Internet hatten.

»Zeig mal die!«, sagte Helmut und angelte nach einer Karte, die unter der losen Sammlung auf dem Tisch lag. Er betrachtete das Modelfoto und fällte sein Urteil: »Schöne Augen, aber Klappergestell.« »Und die?« »Viel zu dürr! Nicht mal hübsch.« Kohl fischte die nächste Karte aus dem Haufen. »Viel zu jung.«

»Sei nicht so streng mit meinen Mädchen«, sagte ich lachend. »Models müssen extrem schlank sein, sonst bucht sie keiner.«

»Ich mag keine Hungerhaken, das weißt du doch. Und der, wer ich das?« Helmut Kohl zog eine Sedcard zu sich heran, die einen langhaarigen Typen mit rundem Gesicht zeigte. »Joey Kelly, netter Typ, einer von der Kelly Family. Ich mag ihn wirklich gern«, erklärte ich.

»Kenn' ich.«

Ich war erstaunt: »Was, den kennst du? Seine Freundin habe ich auch in meinem Katalog. Sie ist Model, Tanja Niethen heißt sie.«

»Ja sicher kenn' ich die Kelly Family. Das ist doch die singende Großfamilie, die Schloss Gymnich gekauft hat, das ehemalige Gästehaus der Bundesregierung. Für 13 Millionen Mark, glaube ich.«

»Das weißt du?« Helmut Kohl verblüffte mich immer wieder mit einem erstaunlichen Allgemeinwissen, das auch den aktuellen Klatsch über Prominente und Stars einschloss. Er interessierte sich brennend dafür, wer gerade die Schlagzeilen der Boulevardpresse beherrschte und wer welche Skandale am Hals hatte.

»Von dir könnte ich auch eine Sedcard anfertigen lassen und dich als Promi in meine Kartei aufnehmen. Bei deiner Bekanntheit könnte man dich sogar weltweit vermarkten«, neckte ich ihn.

»Als Model hast du mich doch schon vor Jahren abgelehnt. Seitdem bin ich nicht jünger geworden. Schlanker leider auch nicht.«

»Aber weißt du was?« Mir kam eine Idee. »Du könntest doch weltweit als Redner auftreten, so wie es die amerikanischen Präsidenten machen, wenn sie aus dem Amt ausgeschieden sind. Das wäre doch was für dich!« Ich war begeistert von meiner plötzlichen Eingebung.

Helmut Kohl schaute mich an und lächelte. Ich sah ein Blitzen in seinen Augen, das immer dann aufflackerte, wenn ihm ein Gedanke gefiel.

* * *

Langsam kam der Frühling. Helmut Kohl schien den Verlust von Macht und Kanzleramt einigermaßen verdaut zu haben. Zwar schwankte sein Gemüt noch immer, und manchmal verfiel er wieder in sein altes Klagelied, aber meist schaffte ich es, jeden Anflug von Schwermut mit meiner Fröhlichkeit zu überdecken. Unsere Abende fühlten sich an wie früher – verliebt und unbeschwert. Ich freute mich auf ihn, kaufte Blumen, kochte eines seiner Leibgerichte, deckte den Tisch mit dem feinen Erbporzellan meiner Großmutter, tauchte die Wohnung in Kerzenlicht und erwartete ihn mit der Vorfreude einer Frau, die sich gewiss ist, den besten Mann der Welt zu lieben. Helmut Kohl dankte es mir mit zärtlichen Gesten, kleinen Geschenken und einer verehrenden Aufmerksamkeit, die mir bisher kein Mann geschenkt hatte.

Ich liebte diesen Mann. Mehr denn je.

Unsere Gespräche fanden wieder die alte, vertraute Basis. In aller Ruhe saßen wir an unserem Tisch, aßen, lachten – und manchmal glitten unsere Gespräche in eine Tiefe aus Wahrhaftigkeit und Offenheit. Selten zwar, denn Helmut Kohl war keiner, der großzügig mit romantischen Worten hantierte. Seine Geständnisse schwammen zwischen dem Gesagten wie kleine neonfarbene Fische, die sich im Schwarm ihrer Artgenossen elegant durchs Meer bewegten.

»Du wirst sehen, es wird sich alles regeln«, sagte er eines Abends.

»Was meinst du damit«? Ich hatte diesen Satz oft gehört in den vergangenen Jahren. Ich war inzwischen skeptisch geworden, maß ihm keine lebensverändernde Bedeutung mehr bei.

»Lass mich mal machen, meine Kleine. Es wird sich alles regeln.« Helmut Kohl griff über den Tisch nach meiner Hand und schaute mich mit seinen rehbraunen Augen an.

»Du meinst mit deiner Frau?«, fragte ich zögernd. Ich sprach leise, flüsterte fast, als wollte ich vermeiden, dass er meine Frage hört.

»Ja, auch das wird sich regeln. Du brauchst kein schlechtes Gewissen meiner Frau gegenüber zu haben. Sie hat jemanden.« Sie hat jemanden? Was wollte Helmut Kohl mir damit sagen? Ich wagte nicht, ihn zu fragen. »Mach dir keine Gedanken, meine Süße. Vertrau mir.« Mein innerer Widerstand, seiner vagen Prophezeiung auch nur ansatzweise Glauben zu schenken, schmolz dahin wie Schnee in der Frühlingssonne. Noch immer, nach all den Jahren, konnte sein zärtlicher Blick jegliche Rebellion in mir ersticken.

Ich vertraute diesem Mann in einer Bedingungslosigkeit, die nur Liebende aufbringen können – bevor sie enttäuscht werden.

* * *

Ostern 1999 rückte näher. Ich freute mich auf Hofgastein. Ich freute mich auf unseren gemeinsamen Urlaub, in dem wir nicht nur die Tage, sondern auch die Nächte miteinander verbringen konnten. Helmut Kohl würde dieses Jahr nicht mehr als Bundeskanzler anreisen, auch wenn der verlorene Status kaum sichtbar war. Immer noch fuhr er in der gepanzerten schwarzen Mercedes-Limousine vor, natürlich mit Ecki Seeber als seinem Vertrauten und Fahrer. Und auch die Männer vom Personenschutz würden ihn unauffällig bewachen. Die Insignien der Macht bleiben einem Bundeskanzler außer Dienst bis ans Lebensende erhalten.

Kurz vor dem Abreisetermin bescherte mir Helmut Kohl eine bittere Enttäuschung. »Es wäre besser, wenn du dieses Jahr nicht nach Hofgastein fährst. Jedenfalls nicht zur gleichen Zeit wie ich«, sagte er. In seiner Stimme lag eine fordernde Kühle, die mich erschrecken ließ.

Ich bemühte mich, ruhig zu bleiben. Diese Aufforderung hatte ich vor wenigen Monaten schon einmal gehört, als Helmut Kohl verhindern wollte, dass ich beim Großen Zapfenstreich dabei bin. »Warum nicht?« Ich hoffte, in meiner Frage lag weder Anklage noch Angriff. Ich hoffte, dass meine Stimme so neutral und nüchtern klang, als hätte ich nach der Uhrzeit gefragt.

»Der Gottschalk ist dieses Jahr im Hotel.«

»Thomas Gottschalk? Ja und? Was hat er mit uns zu tun?« Ich spürte, wie sich mein Zorn im Solarplexus sammelte und in den Kopf zu steigen drohte. Bleib ruhig, befahl ich mir. Lass dich nicht provozieren!

»Der Gottschalk ist ein schlauer Bursche. Der bemerkt doch sofort, was zwischen uns läuft«, erklärte mir Kohl.

Was war das für ein Blödsinn? Ich drohte zu explodieren. »Ach ja«, fauchte ich spitz. »Das heißt also, du hast Angst vor Thomas Gottschalk? Glaubst du, er lauscht nachts an deiner Tür und ruft dann die *Bild*-Zeitung an.«

»Hör mit dem Unsinn auf!«, herrschte mich Kohl an. Er wies mich in einer Lautstärke zurecht, die mich an die Wutanfälle meines cholerischen Vaters erinnerte. Als Kind hatte ich unter den unberechenbaren Ausbrüchen meines Vaters gelitten. Diesen Ton gegen mich kann ich seitdem nicht mehr ertragen.

»Schrei mich nicht an, Helmut!« Nun schrie ich selbst.

Wir schwiegen. Zwischen uns schob sich eine bedrohliche Stille. Schließlich brummte Helmut Kohl irgendeine Erwiderung, die ich nicht verstand. Ich ärgerte mich, dass ich die Contenance verloren hatte.

Helmut Kohl griff über den Tisch und zog die Weinflasche aus dem Kühler. Er schenkte mir nach und füllte sein Glas. »Schluss jetzt«, sagte er und reichte mir mein Glas.

»Dann sag mir, was los ist. Sag mir den wahren Grund.« Ich war nicht bereit für einen angeordneten Waffenstillstand – nicht ohne ehrliche Erklärung.

»Also gut.« Helmut Kohl atmete tief ein, dann begann er, mir die Wahrheit zu erzählen. Wenn auch nur die halbe, wie so oft, wenn es um Dinge ging, die einen Blick auf politische Abwege und Intrigen offenbarten. Er habe eine »mehr als deutliche Warnung« bekommen, sagte er. Jemand – den Namen nannte er auch auf Nachfrage nicht – habe ihm gedroht, ihm zu schaden.

Deshalb sei es besser, wenn er dieses Jahr allein nach Hofgastein fahren würde und man uns beide nicht zusammen sehe.

»Du meinst, dieser Jemand will unsere Beziehung auffliegen lassen?«

»Nein, darum geht es nicht. Etwas anderes.«

»Und was? Wie sonst sollte dieser geheimnisvolle Jemand dir schaden wollen?«, fragte ich. Seine Erklärung erschien mir zu dürftig, um deswegen auf unseren gemeinsamen Urlaub zu verzichten.

»Ich kann jetzt nicht darüber reden, es ist eine ernste Angelegenheit. Man droht mir.«

»Dann sag mir womit!« Ich ließ nicht locker.

»Genug.« Helmut Kohl schlug mit der Hand auf die Tischplatte. Sein Blick ließ mich verstummen. Diskussion beendet! Ich wagte nicht, eine weitere Frage zu stellen.

* * *

Es kam, wie Kohl gewollt hatte. Ich stornierte mein Zimmer im Hotel St. Georg und buchte stattdessen eine Reise nach Mallorca. Die Genugtuung, dass ich allein zu Hause sitze, während er in Hofgastein Urlaub macht, gestattete ich ihm nicht. »Muss das sein?«, fragte Helmut Kohl unwirsch, als ich ihn über meine Reisepläne informierte.

So kam es, dass Helmut Kohl Ostern 1999 in Hofgastein verbrachte, während ich nach Mallorca flog – zum ersten Mal seit neun Jahren waren wir in dieser Zeit getrennt. Ich faulenzte tagsüber am Strand oder am Pool, abends ging ich oft aus mit anderen Gästen, die ich in dem Finca-Hotel kennengelernt hatte. Jeden Abend rief mich Helmut Kohl an. Wenn er mich nicht erreichte, weil ich unterwegs war, reagierte er beleidigt und unwirsch. Wenigstens war mein Geliebter noch eifersüchtig!

Kapitel 14

Spendenaffäre und Liebeskrise

Und dann kam der November 1999. Es war der Monat, in dem die Spendenaffäre über Helmut Kohl und seine Partei hereinbrach. Die Katastrophe begann mit Fragen, auf die niemand eine Antwort zu haben schien.

Anfang November wurde CDU-Schatzmeister Walther Leisler Kiep angeklagt. Die Augsburger Staatsanwaltschaft verdächtigte ihn, 1991 eine Million Mark von Waffenhändler Karlheinz Schreiber angenommen zu haben. Dieses Geld, das nicht im offiziellen Rechenschaftsbericht der Partei auftauchte, habe im Zusammenhang mit der Lieferung deutscher Panzer an Saudi-Arabien gestanden, so der damalige Vorwurf, der nie bewiesen werden sollte. Doch die Ermittlungen in diesem Fall führten schließlich an die Wurzel eines viel größeren Skandals – das alles ahnte ich noch nicht, als Helmut Kohl mich in jenen ersten Novembertagen besuchte.

Schon als ich die Tür öffnete, spürte ich, dass dieser Abend schwierig werden würde. Kohl sah kreidebleich aus, seine Augen wirkten müde, sein Blick war leer. Wie ein alter Mann schleppte er sich nach Luft ringend an mir vorbei ins Wohnzimmer – grußlos, ohne Begrüßungskuss. Nur ein stilles Nicken hatte er für mich übrig. Er steuerte auf seinen Lieblingsstuhl zu und setzte sich schwerfällig. Noch immer hatte er kein Wort gesprochen.

Ich wusste, dieser Abend würde anders werden, er würde nicht unserer Choreographie folgen, also schaltete ich die Herdplatten aus und schob die Töpfe vom Ceranfeld, ging zu ihm und umarmte ihn sanft. Keine Reaktion, nicht mal ein Lächeln. In sich gesunken wie ein trauriger Buddha saß Kohl auf seinem Stuhl. Ich schenkte ihm Wein und Wasser ein, setzte mich auf meinen Platz – und wartete. Stille. Das Schweigen hing wie eine schwere, dunkle Wolke über unseren Köpfen.

Minuten vergingen, die sich anfühlten wie Stunden. »Was ist los, Helmut?«, sagte ich zärtlich. Meine Worte sollten nicht fordernd klingen, auch nicht wie eine Frage.

Er schaute mich mit seinem leeren Blick an und schwieg.

»Bitte sag was. Irgendetwas. Bitte.« Inzwischen hatte mich eine innere Panik erfasst. Was war passiert? Ein Unfall? Ein Unglück mit seinen Söhnen? Seine Frau? In meinem Kopf wirbelten Bilder der denkbar schlimmsten Katastrophen durcheinander. Ich sah Krankenwagen, Blut, weinende Menschen, Trümmer. »Bitte rede mit mir«, flehte ich Helmut Kohl an.

»Da kommt was.« Seine genuschelten Worte versanken in der Stille.

Ich atmete tief ein und schöpfte Hoffnung – kein Unfall, kein Tod, keine Krankheit, dachte ich erleichtert. Damit schien das Schlimmste für mich ausgeschlossen. Dann musste es etwas Politisches sein: Natürlich hatte ich über den Verdacht gegen Walther Leisler Kiep in der Zeitung gelesen. Eine Million Mark von Karlheinz Schreiber – die Nachricht hatte mich nicht wirklich verwundert. Den Namen des Waffenhändlers kannte ich aus früheren Andeutungen von Helmut Kohl.

»Willst du nicht erstmal etwas essen?«, fragte ich. »Ich habe Rindsrouladen mit Rotkohl und Klößen für dich gemacht. Das magst du doch so gern.«

»Was essen?« Kohl hob den müden Blick und schaute mich zornig an. »Glaubst du wirklich, ich kann jetzt hier bei dir am Tisch sitzen und gemütlich essen, und dabei plaudern wir nett?«

Ich zuckte mit den Schultern. Ich wollte ihn nicht reizen. Sein ungehaltener Ton verletzte mich. Er wusste genau, wie sehr ich es hasste, wenn er mich so anfuhr.

Wir saßen vor unseren leeren Tellern und schwiegen.

»Es gibt Probleme mit Spenden an die Partei«, unterbrach Helmut Kohl die bedrückende Stille.

»Ich weiß. Ich habe es in der Zeitung gelesen.«

»Das ist noch nicht alles. Da kommt noch mehr.«

»Du meinst, Journalisten oder die Staatsanwälte werden noch mehr aufdecken?«, fragte ich.

»Ja.«

»Und worum geht es, was bedeutet das für dich?«

Helmut Kohl schaute mich an. Vorwurfsvoll, fast herablassend. Ich kannte diesen Blick nicht. »Ich habe dir schon vor Ostern gesagt, dass mich jemand gewarnt hat.«

»Kannst du dich nicht deutlicher ausdrücken? Wenn du mir nicht sagst, was los ist, kann ich dir auch nicht helfen.«

»Du mir helfen?« Er schnaubte verächtlich. »Mir kann keiner helfen, du schon gar nicht.«

Meine Geduld wich plötzlich einer extremen Gereiztheit. Ich war einfach genervt. Was sollte diese larmoyante Geheimnistuerei, mit der er unseren Abend ruinierte? Ich wollte mit ihm reden über das Problem, das ihn offensichtlich schwer bedrückte. Ich wollte, dass er mich als Vertraute und Ratgeberin wahrnimmt. Stattdessen hockte Helmut Kohl missmutig und störrisch an meinem Tisch und blaffte mich an. »Weißt du was, Helmut. Wenn du mit dieser miesen Laune zu mir kommst, können wir es auch lassen. Dann bleib lieber zu Hause.« Ich erschrak über meine eigenen Worte, dennoch fühlte ich Erleichterung. Diesen Mut hatte ich mir nicht zugetraut.

Kohl hob den Kopf und schaute mir in die Augen. Ich fixierte die tiefe senkrechte Falte an seiner Nasenwurzel und zwang mich, seinem Blick standzuhalten. »Gut. Wenn du meinst.« Dann stützte er sich mit beiden Händen auf der Tischplatte ab und stemmte seine enorme Körperfülle nach oben. Auch ich erhob mich vom Stuhl, die Arme vor der Brust verschränkt. So standen wir uns gegenüber. Schweigend, der festlich gedeckte Tisch mit den sauberen Tellern zwischen uns. Bitte nicht gehen, dachte ich und spürte Tränen aufsteigen. Nicht so, nicht im Streit!

»Dann geh ich mal«, sagte Kohl und schob den Stuhl an die Tischkante. Er bewegte sich bedächtig, als wollte er mir die Chance geben, ihn aufzuhalten. Wieder schaute er mir mit seinen rehbraunen Augen ins Gesicht. »Geh nicht, geh nicht, geh nicht!«, brüllte und schrie es in mir – aber ich brachte keinen Ton heraus. Mein Stolz und meine Traurigkeit verschlossen mir den Mund.

Schließlich durchfuhr Kohls Leib ein Ruck. Er griff nach seinem Jackett, ging zur Tür, drückte die Klinke herunter und verließ meine Wohnung. Ich lauschte, wie seine Schritte im Treppenhaus verhallten und die Haustür ins Schloss fiel. Kalte Novemberluft erfüllte meine Wohnung. Ich fror.

Nachdem ich meine Wohnungstür von innen verriegelt hatte, saß ich in der Küche. Ich nippte an einem Glas Weißwein, den wir nicht angerührt hatten, und zerpflückte ein Stück Baguette. War das unser Ende?, fragte ich mich. Noch nie waren wir ohne Versöhnung auseinandergegangen. Noch nie hatte Helmut Kohl im Streit meine Wohnung verlassen. Waren meine Worte zu hart gewesen? Hatte ich mich unfair und lieblos verhalten? Nein, das Gesagte bereute ich nicht, aber ich hätte ihn aufhalten können. Ich hätte mich ihm in den Weg stellen und ihn umarmen können. Er wäre geblieben. Ich weiß, dass Helmut Kohl darauf gewartet hat, dass ich ihn zurückhalte. Nein, er hat damit gerechnet!

Wie konnte es so weit kommen? Ich suchte nach Antworten und ließ die vergangenen Monate wie einen Film in meinen Gedanken ablaufen. Helmut Kohl hatte sich verändert seit der verlorenen Bundestagswahl. Aus dem Helden war ein Verlierer geworden. Der unerschütterliche, vor Kraft, Selbstvertrauen und Macht strotzende »ewige Kanzler« hatte sich in einen Gestürzten verwandelt, an dem Selbstmitleid, Zweifel und Misstrauen nagten. Als ich Helmut Kohl kennenlernte, sprühte er vor Energie, Witz und Charme. Inzwischen erschien er mir zunehmend weinerlich und verzagt. Dennoch, mein Herz liebte diesen Mann noch immer, aber meine weibliche Bewunderung war gewichen. Seit seiner Wahlniederlage war ich diejenige, die Zuversicht und Optimismus verbreitete. »Mach dir keine Sorgen, das wird schon.« Diesen Satz, mit dem Helmut Kohl oft meine eigenen Sorgen weggewischt hatte, zitierte nun ich – um ihn zu beruhigen oder aufzurichten oder zu trösten. Plötzlich musste ich die Starke und Unerschütterliche in unserer Beziehung sein – und ich nahm diese Rolle an, so wie ich alles angenommen habe, was er mir auferlegte. Ich tat es für ihn, für uns. Aus Liebe. Und weil ich gar keine andere Wahl hatte, wenn ich mit diesem Mann glücklich sein wollte. Aber eigentlich überforderte mich diese Aufgabe. Ich bin nicht der Mensch, der mit der Standarte voranschreitet und den Weg weist. Das bin ich nie gewesen. Und plötzlich sollte ich diejenige sein.

Nun war ich die Geliebte eines Mannes, der Macht und Selbstbewusstsein verloren hatte. Auch sein Ansehen sollte er noch verlieren. Aber das wusste ich in jener traurigen und einsamen Nacht noch nicht.

* * *

»Alles, was ich bisher gehört habe, erstaunt mich auf das Äußerste. Ich hoffe, ich muss mein Vorstellungsvermögen in dieser Angelegenheit nicht erweitern.« So kommentierte die damalige CDU-Generalsekretärin Angela Merkel die Enthüllungen, nachdem Schreibers Millionenspende an die CDU bekannt geworden war. Auf Anordnung Leisler Kieps sei das Geld auf einem Treuhandkonto geparkt und dann an mehrere Personen verteilt worden. Wer die Empfänger waren und wofür sie Geld bekommen hatten, vermochte Angela Merkel nicht zu sagen. Zur Aufklärung der Affäre setzte die CDU auf die Staatsanwaltschaft Augsburg, die rot-grüne Opposition verlangte einen Untersuchungsausschuss. Parteivorsitzender Wolfgang Schäuble habe damit nichts zu tun, versicherte Merkel. Auch Helmut Kohl sagte, er wisse nichts von diesen seltsamen Geldflüssen.

Es dauerte nur wenige Tage, bis sich Helmut Kohl erneut zu Wort meldete, schließlich fiel die Affäre in seine Amtszeit als Kanzler und Parteivorsitzender. Man wolle ihm und seiner damaligen Regierung »käufliche Politik« unterstellen, wetterte der Altkanzler und überbot sich in der Wahl der Worte, die seine Abscheu ausdrücken sollten: perfide, Intrigen, übelste Denunziation. Der »ziemlich ungeheuerliche« Vorwurf, Schreibers Millionenspende stände im Zusammenhang mit einem Rüstungsgeschäft, machte ihn sprachlos – »einigermaßen sprachlos«, sagte er. Nach einem heftigen Schlagabtausch im Parlament Ende November und dem Beschluss, einen Untersuchungsausschuss zur Aufklärung der Affäre einzusetzen, wendete sich das Blatt: Plötzlich übernahm Kohl die Verantwortung. In seiner Erklärung vom 30. November 1999 hieß es unter anderem: »Ich habe als Parteivorsitzender die vertrauliche Behandlung bestimmter Sachverhalte wie Sonderzuwendungen an Parteigliederungen und Vereinigungen, zum Beispiel als unabweisbare Hilfe bei der Finanzierung ihrer politischen Arbeit, für notwendig erachtet. Eine von den üblichen Konten der Schatzmeisterei praktizierte getrennte Kontenführung erschien mir vertretbar. … Ich bedauere, wenn die Folge dieses Vorgehens mangelnde Transparenz und Kontrolle sowie möglicherweise Verstöße gegen Bestimmungen des Parteiengesetzes sein sollte. Dies habe ich nicht gewollt, ich wollte meiner Partei dienen. … Nachdrücklich weise ich jeden Vorwurf – in welcher Form auch immer –, von mir getroffene politische Entscheidungen seien käuflich gewesen, mit aller Entschiedenheit zurück. Jeder, der mich kennt, weiß, dass ich mich ausschließlich der Verantwortung für das Wohl unseres Landes verpflichtet sah und auch weiterhin sehe.«

* * *

Ich las jede Zeile über die Spendenaffäre und schaute jede politische Fernsehsendung an. Mit Helmut Kohl konnte ich nicht über den Skandal reden, der in der Bevölkerung eine heftige Empörung hervorrief. Seit unserem denkwürdigen Abend hatten wir uns nicht mehr gesehen. Wie üblich rief er gegen Mitternacht an, meist wirkte er müde und gehetzt. Allerdings war das Telefon sowieso nicht geeignet für ein Gespräch über die Spendenaffäre. Das wusste ich, also hielt ich mich zurück, und wir plauderten über Alltägliches und Oberflächliches.

Für mich war das eine bedrückende Zeit. Ich spürte unsere Nähe allmählich schwinden. Ich hatte Sehnsucht und Sorge, dass uns unsere Liebe entgleiten würde. Und natürlich hatte ich drängende Fragen, die mir jedoch keiner beantworten konnte. Mein Gefühl schwankte zwischen Verzweiflung und Hoffnung. Morgens, wenn ich aufwachte, glaubte ich an das Positive, an göttliche Kräfte, an eine glückliche Fügung oder die Gunst der Sterne – an alles Mögliche klammerte sich meine Hoffnung. Am Abend jedoch, wenn die Nachrichten des Tages und der Stress in der Agentur meinen Energiespeicher ausgezehrt hatten, bedrohten Zukunftsangst und Einsamkeit meine schwankende Welt.

* * *

Die Enthüllungen zum Spendendrama erreichten Mitte Dezember einen neuen Höhepunkt. Im ZDF erklärte Helmut Kohl, auch er persönlich habe Spenden entgegengenommen »in einem Umfang zwischen 1993 und 1998, der zwischen 1,5 und zwei Millionen Mark liegt«. Er gab zu, diese Summe – die später mit 2,1 Millionen Mark beziffert wurde – nicht als Parteispenden angegeben zu haben, weil dies die Bedingung der Spender gewesen sei. Die Zusicherung ihrer Anonymität sei die Voraussetzung für die Spende gewesen. »Das ist der Fehler, den ich gemacht habe, zu dem ich mich bekenne und den ich auch sehr bedauere«, sagte Kohl.

Dieses Geständnis führte dann zum größten Skandal und einem moralischen Dilemma, worüber das ganze Land diskutierte: Wie schwer wiegt ein Ehrenwort? Und darf der ehemalige Bundeskanzler sein Versprechen über das Gesetz stellen?

* * *

Das Telefon klingelte. Endlich, dachte ich, endlich ruft er an. Ich hörte Verkehrsrauschen, Helmut Kohl stand offensichtlich wieder einmal in einer öffentlichen Telefonzelle. Es war fast Mitternacht. »Ich komme jetzt erst dazu, dich anzurufen.«

»Kein Problem«, sagte ich, »Hauptsache, du meldest dich überhaupt.«

»Ja sicher. Ich melde mich doch jeden Tag.«

»Kommst du morgen?«

»Wenn du willst, komme ich.«

»Natürlich will ich, wieso sollte ich dich nicht sehen wollen?«

»Vor einigen Wochen hast du mir gesagt, ich soll lieber zu Hause bleiben.«

Sein Ton klang schon wieder gereizt. Vorsicht, nicht provozieren lassen, ermahnte ich mich. »Das habe ich nur gesagt, weil du unausstehlich schlechte Laune hattest.«

»Schon gut. Was kochst du für mich?«

»Vielleicht Rindsrouladen mit Rotkraut? Das hast du ja neulich verpasst.«

»Das sind aber nicht die von damals, oder?« Helmut Kohl lachte.

»Keine Sorge, die hat Tessy verspeist, sie hat sich gefreut.«

»Jetzt weiß ich, warum mich dein Hund so gern mag«, sagte er. »Ich muss los, meine Kleine. Bis morgen.«

Helmut Kohl kam am nächsten Tag gegen 18 Uhr. Es war ein Samstag. Schon als ich ihn schwerfällig die Treppe hochstapfen sah, bemerkte ich seine schlechte Laune. »Ich hoffe, du hast dir keine Mühe gemacht. Ich habe eigentlich gar keinen Hunger«, schnaufte er atemlos zur Begrüßung.

»Aber du wusstest doch, dass ich koche.« Ich versuchte, mir meine Enttäuschung nicht anmerken zu lassen.

»Ja, ein bisschen was esse ich schon.« Der Duft von Rouladen und Rotkraut hatte inzwischen seine Sinne erreicht und ließ seine Abwehrhaltung aufweichen. Ich reichte ihm Korkenzieher und eine Flasche vom pfälzischen Wein, den Ecki immer anliefern musste. »Was ist los?«, fragte ich, um zu vermeiden, dass sich zwischen uns wieder eine lähmende Sprachlosigkeit ausbreitet.

»Ach, du weißt doch, was los ist.« Seine Stimme klang sanft und liebevoll. Er wollte also reden.

»Das Chaos der Spendenaffäre – ich weiß«, erwiderte ich, während ich den Goldrandteller, beladen mit Fleisch, Klößen und Kraut, vor ihm abstellte. Kohl nahm das Besteck und schob die Portionen auf dem Teller so zurecht, wie er sie gern positioniert hatte.

»Meine Frau ist heute von wildfremden Leuten angespuckt worden. Auf der Straße. Kannst du dir das vorstellen? Kannst du dir vorstellen, wie es ihr geht und was sie durchmacht?«

Ich war erschüttert. »Mein Gott, das tut mir so leid, Helmut.« Ich setzte mich an den Tisch, ihm gegenüber, so wie wir immer saßen.

»Sie kann doch überhaupt nichts dafür. Sie ist absolut unschuldig. Auch meine Söhne leiden unter dem ganzen Schlamassel. Auch sie werden angepöbelt.«

»Ist das wahr?«, sagte ich – eine überflüssige Frage, gewiss. Aber ich war fassungslos. Ich konnte nicht glauben, dass Menschen ihre Wut auf einen Politiker an seiner Frau und seinen Kindern auslassen. Der Angriff auf Hannelore Kohl machte mich sprachlos. Sie tat mir aufrichtig leid. Wie hilflos muss sie sich gefühlt haben! Ich versuchte mir vorzustellen, wie ich reagiert hätte, wenn man mich für die falschen Entscheidungen meines Mannes anfeinden würde. Ihn verteidigen, obwohl man weiß, dass er Unrecht getan hat? Sich distanzieren und dem Ehemann damit öffentlich die Loyalität entziehen? Beide Möglichkeiten kamen für Hannelore Kohl ganz sicher nicht infrage. Als bewunderte und hoch respektierte Ehefrau des Altkanzlers blieb sie eine öffentliche Person, auch nach seiner Amtszeit. Jedes glückliche sowie unglückliche Handeln aus seiner Vergangenheit wurde auch ihr zurechnet. Und was immer sie sagte, ob unterstützend oder distanzierend, wog schwer. Unvorstellbar, dass sich Hannelore Kohl, die sich in der vergangenen Zeit aus der Öffentlichkeit zurückgezogen hatte, überhaupt zu dieser politischen Affäre äußern würde.

Also blieb ihr in diesem demütigenden Augenblick des Angriffs nur eine einzige Wahl – ihn zu ertragen. Ein hoher Preis für eine stolze, selbstbewusste Frau.

»Es wird eine Lösung geben«, sagte ich. Wieder ein Satz aus Helmuts Repertoire. »Es muss eine Lösung geben. Es gibt für alles eine. Das sagst du doch immer, Helmut.« Mein Trost klang nicht ermutigend, eher wie ein Betteln. Kohl hing zusammengesunken wie ein waidwundes Tier auf seinem Stuhl. Die Schultern nach vorn gesackt, als schlage ihm pausenlos jemand mit einem Knüppel auf den Rücken. Diese bärenhafte Gestalt wirkte so kraftlos und gepeinigt – es brach mir das Herz, den geliebten Mann so leiden zu sehen.

»Bitte, Liebster, iss was. Ich habe auch ein schönes Dessert für dich.«

Kohl lächelte dankbar. Dann aßen wir schweigend. Immer wieder griff ich über den Tisch und streichelte seine Hand.

Als er die letzten beiden Gläser aus der Weinflasche einschenkte, wagte ich die Frage zu stellen, die mir seit Wochen auf der Seele brannte: »Warum nennst du die Spender nicht?«

Kohl schaute mich an. »Verstehst du das nicht?«

»Ich weiß nicht. Erklär es mir bitte.«

»Ich habe denen mein Ehrenwort gegeben, dass sie anonym bleiben. Und daran halte ich mich – egal, was passiert.«

»Mag sein, aber jetzt haben wir eine neue Situation. Du stehst unter Beschuss, man klagt dich an, sogar deine Parteifreunde wenden sich ab von dir. Wenn diese Leute deine Unterstützer sind, dann müssen sie dir jetzt zu Hilfe kommen. Warum redest du nicht mit denen?«

Kohl schaute mich an. Erschöpft. Verzweifelt. Ratlos. In seinem Blick lag die geballte Ausweglosigkeit seines Dramas. Er schwieg. Also redete ich weiter: »Die können sich gar nicht offenbaren, oder?« Mein Redeschwall wurde hektischer.

»Wahrscheinlich war das Geld nicht versteuert, oder? Und deshalb schaden sie lieber dir als sich selbst, stimmt's?« Ich wusste, dass er mir keine meiner Suggestivfragen beantworten würde. Aber wenigstens wollte ich ihm zeigen, dass ich die ausweglose Situation durchschaut hatte, dass ich sein Dilemma verstand. Es gibt für alles eine Lösung – dieser Satz hatte bisher für Kohl gegolten wie ein Naturgesetz. Und nun schien dessen Gültigkeit widerlegt.

Mir ging so vieles durch den Kopf an diesem Abend. Denken die Menschen wirklich, Kohl habe sich das Geld in die eigene Tasche gesteckt? Niemals würde er das tun. Das wusste ich mit allergrößter Gewissheit. Wie oft hatte ich erlebt, dass Kohl Ecki Seeber Geld in die Hand drückte, um eine Briefmarke zu kaufen oder eine andere Kleinigkeit. Dabei hätte Ecki sich einfach eine Quittung ausstellen lassen und im Kanzleramt abrechnen können.

Oder glauben die Menschen, Kohl sei bestechlich gewesen? Meinten sie, er habe sich in seinen politischen Entscheidungen beeinflussen lassen? Ich wusste, wie leidenschaftlich Helmut Kohl für Deutschland gedacht, gearbeitet und gelebt hat. Er wollte, dass es dem Land gut geht, dass die Menschen in Frieden leben, Arbeit haben und einen gewissen Wohlstand erreichen können. Er hat dem Land gedient. Davon war er regelrecht besessen. Von dieser Mission – nicht von Geld. Helmut Kohl war kein Mensch, der Geld liebte. Er sah es als Selbstzweck. Damit konnte man Ziele erreichen und Pläne verwirklichen. Allein das hat ihn interessiert.

Diese Gedanken schwirrten durch meinen Kopf, während wir am Tisch saßen. All das ließ mir keine Ruhe.

»Aus der Nummer kommst du nur raus, wenn sich die Spender bekennen. Aber das werden sie nicht tun. Habe ich recht?«

Helmut Kohl schaute mich müde an.

»Jeder halbwegs clevere Journalist wird irgendwann die Spender herausfinden. Das ist doch nur eine Frage der Zeit.« Ich ließ nicht locker. Ich konnte mich nicht mit dieser Ausweglosigkeit abfinden. Es musste eine Lösung geben für diese elende Misere.

Helmut schwieg. Aber ich beobachtete, wie sich sein Blick veränderte. Er schaute mich aufmerksam und fragend an, was mich ermutigte weiterzureden. Helmut Kohl griff zu seinem Besteck und begann, nervös mit dem Messer zu spielen. Er drehte den schweren Silbergriff in einer Hand.

»Soll ich dir sagen, was ich denke, wer diese Spender sind, die dich nun hängen lassen?« Ich war in Fahrt, ich wollte meine Gedanken loswerden – und auch meinen Ärger darüber, dass diese vermeintlichen Freunde ihm nicht beisprangen. Ich wagte einen Blick in seine Augen. Keine Zustimmung, keine Ablehnung, also spekulierte ich mutig weiter. Ich nannte drei Namen, drei extrem erfolgreiche Selfmade-Millionäre, alle ungefähr im gleichen Alter wie Kohl. Von jedem wusste ich, dass Helmut ihn als Freund betrachtete und jeweils in engem Kontakt mit ihm stand.

Ich zählte also diese drei Namen auf: erstens, zweitens, drittens. Ich sprach noch, da fiel Kohl das schwere Messer aus der Hand. Das Silber krachte auf den Porzellanteller. Es schepperte gewaltig, was Kohl kaum wahrnahm. Er schaute mich erschrocken an, presste die Lippen aufeinander, die Augen verengten sich zu Schlitzen – eine ungewohnte Mimik. Ich hatte diesen Gesichtsausdruck bei ihm noch nie bemerkt. Wenn sie diese Namen errät, dann wird es nicht mehr lange dauern, las ich in seinem Gesicht. Helmut Kohl nickte nachdenklich, sagte aber kein einziges Wort.

* * *

Als ersten Namen hatte ich Leo Kirch genannt. Der Münchner Medienmogul erschien mir am wahrscheinlichsten. Ich wusste von der engen Freundschaft der beiden Männer. Schließlich hatte Kohl vor zwei Jahren mit einem einzigen Anruf dafür gesorgt, dass die Idee für meine Show »One1« in Kirchs Fernsehsender realisiert wurde – ein kleiner Gefallen unter Männerfreunden. Nur Wochen später sollte sich herausstellen, dass Leo Kirch tatsächlich einer der schweigenden Gönner gewesen war.

Erivan Haub – diesen Namen hatte ich als zweiten genannt. Der Eigentümer und Chef der Mühlheimer Tengelmann-Gruppe war einer der reichsten Deutschen. 1994 hatte er in 30 Tageszeitungen ganzseitige Anzeigen geschaltet, in der die Supermarktkette mit 200000 Mitarbeitern eine Wahlempfehlung aussprach – zwei Tage vor der Bundestagswahl: »Im Zweifelsfall für Kohl«, lautete der Ratschlag. Die Union gewann damals mit 41,4 Prozent, die schwarz-gelbe Regierungskoalition blieb bestehen, und Helmut Kohl trat seine nächste Amtszeit als Bundeskanzler an.

Mein dritter Kandidat war Nicolas Hayek. Der Schweizer Gründer der Swatch-Gruppe war ebenfalls ein enger Freund. Helmut Kohl trug eine Uhr mit einer Widmung von Nicolas Hayek. Ich habe die Gravur auf der Rückseite des Gehäuses oft gesehen, wenn die edle Armbanduhr auf meinem Nachttisch lag. Helmut Kohl hat seine Uhr immer am gleichen Platz in meinem Schlafzimmer abgelegt. Ich wusste auch, dass er den Schweizer ab und zu in dessen Heimatstadt Biel besuchte. Er bewunderte Hayek, der im Libanon aufgewachsen war, für seine beeindruckende Unternehmer-Karriere und berief den Swatch-Erfinder sogar in seinen Rat für Forschung, Technologie und Innovation. Und Hayek war stolz auf die Nähe zum deutschen Bundeskanzler. Ende 2011 erzählte er dem *Spiegel* in einem Interview, dass Helmut Kohl »mal auf seinem Gestüt vorbeigeschaut« habe und »wie jeder andere« mit ihm in den Kuhstall gegangen sei. »Die Großen, die Mächtigen sind meist am unkompliziertesten«, erzählte Hayek.

* * *

»Keine Sorge«, beruhigte ich Helmut Kohl, der noch immer kein einziges Wort zu meinem Monolog gesagt hatte. »Keine Sorge, ich behalte es für mich.«

Er hob das Messer vom Teller und legte es wieder auf den Tisch. Schließlich holte er tief Luft, und dann setzte Helmut Kohl mit kühler Stimme zum Sprechen an. Er kommentierte meinen Monolog mit drei kurzen Sätzen, die mir ewig im Gedächtnis bleiben werden: »Es gibt keine Beweise. Niemand wird je Beweise finden. Deshalb wird auch niemand die Spender herausfinden.«

Und dennoch hatte ich alles auf den Punkt gebracht. Diese Erkenntnis war schmerzhaft für Helmut Kohl – und ernüchternd, denn sein Sicherheitssystem erschien plötzlich löchrig wie die Zielscheibe eines Pistolenschützen.

Kapitel 15

Kein Kampf, kein Drama – nicht einmal Tränen

»Warum willst du schon wieder umziehen?« Diese Frage hatte ich Helmut Kohl schon mehrmals beantwortet: Zwar mochte ich meine Wohnung in der Zeilstraße, aber durch jeden Winter schleppte ich mich mit hartnäckigem Husten, Fieber und Schüttelfrost. Die Heizung versagte, wenn es draußen kalt und feucht war. In der einen Ecke stockte die Wärme, in einer anderen fühlte es sich klamm und ungemütlich an. Außerdem zog der kalte Wind durch die Fensterritzen. Dauernd war ich erkältet, deshalb wollte ich ausziehen. Und da mein Mietvertrag gerade auslief, schien der richtige Zeitpunkt gekommen.

Ich zeigte Helmut Kohl das Exposé einer Wohnung, die auf dem Gelände des Hotels »Falkenstein Grand Kempinski« in Königstein im Taunus lag. Ursprünglich wollte Dr. Bernhard große Broermann, der Eigentümer und Gründer der Asklepios-Kliniken, hier eine Klinik eröffnen, entschied sich aber dann für ein Luxushotel mit Mietwohnungen im Nebengebäude. Die Wohnungen hatten einen Balkon mit Blick auf den Park, und ein unterirdischer Gang verband das Wohnhaus mit dem Hotelgebäude, in dem die Mieter Spa und Pool nutzen konnten. Das gefiel mir. »Natürlich ist das schön«, sagte Helmut Kohl, nachdem er sich das Exposé mit den Fotos angeschaut hatte. »Aber wenn du dahinziehst, kann ich dich nicht mehr besuchen. Du kannst doch nicht erwarten, dass ich jedes Mal eine Hotellobby durchquere, wenn ich zu dir komme.«

»Das musst du doch gar nicht. Die Wohnung liegt nicht im Hotel, sondern im Nebengebäude mit eigenem Eingang.«

Kohl blickte mich missmutig an. »Ich schicke Ecki hin, er soll sich das anschauen.«

Ecki erfüllte seinen Auftrag und kam mit der erlösenden Nachricht zurück, dass alles besser sei als in meiner alten Wohnung in Kronberg. Er könne mit dem Auto vor den Eingang fahren, »den Chef« direkt an der Tür aussteigen lassen, sodass er sofort im Haus verschwinden könne.

Also zog ich um – mit Helmut Kohls halbherzigem Segen. Ecki Seeber hatte er beauftragt, mit »seinen Jungs« meinen Umzug zu organisieren. An jenem Tag rückte eine Mannschaft kräftiger Männer an; sie schleppten meine Kartons, Koffer und Taschen, bauten Möbel ab, zerlegten mein Bett, nahmen die Gardinen ab, rollten Teppiche zusammen und verluden alles in einen Lastwagen. In meiner neuen Wohnung lief das gleiche Procedere retour. Nach dem Wochenende übernahm ich ein fast perfekt eingerichtetes neues Zuhause. Das Porzellan meiner Großmutter, Kristallgläser und Töpfe hatten ihren Platz in der nagelneuen Küche gefunden, meine Kleider hingen gebügelt im Schrank, und sogar die Lampen waren montiert. Ich war Ecki Seeber, dieser treuen Seele, und seiner Mannschaft unendlich dankbar.

Erschöpft, aber zufrieden saß ich am Abend auf meiner Couch und stieß mit einer Tasse Kräutertee auf ein neues Kapitel an. Jetzt beginnt ein neues Leben, dachte ich. Mir war klar, dass ich neu anfangen musste. Meine Beziehung zu Helmut Kohl war schwierig geworden. Die Leichtigkeit war uns abhandengekommen. Unseren spärlich gewordenen Abenden fehlten die Freude, das Lachen und auch das Begehren. Nach all den Jahren und ungezählten rauschhaft glücklichen Stunden hatte sich eine zähe Schwere über unsere Zweisamkeit gelegt. Unsere einst unbeschwerte Liebe schien in Routine erstickt zu sein. In dieses Schicksal schlingern wohl viele Partnerschaften, dachte ich. Jedes Paar gerät irgendwann in eine Krise, an der sich entscheidet, ob es zusammenbleibt oder sich trennt. Ich ahnte bereits, dass unsere Liebe nicht nur am Rand einer gefährlichen Klippe stand – sie war bereits in den Abgrund gestürzt. Allerdings hatten wir nach dem Sturz noch nicht die Augen geöffnet.

Ich wusste es. Helmut wusste es ganz sicher auch. Aber ausgesprochen hatte es bisher keiner von uns. Warum eigentlich nicht? Warum scheuten wir das ehrliche Gespräch? Warum sagte keiner: Lass uns reden. Aus Angst, nehme ich an. Denn wer ein schwelendes Gefühl in Worte fasst, schafft Tatsachen. Aber auch aus Rücksicht. Keiner wollte den anderen verletzen. Und vielleicht trug jeder von uns noch einen Funken Hoffnung in sich. Konnte eine große Liebe einfach so vorbei sein? Ohne einen letzten Kampf? Ohne Drama und ohne Tränen? Musste man nicht einen Abschluss finden, Enttäuschungen herausschreien, sich gegenseitig mit Vorwürfen überschütten, Versäumnisse und Fehler aufrechnen? So viele Jahre hatten unsere ungleichen Seelen in einem gemeinsamen Rhythmus geschwungen. Unsere Liebe hatte unser beider Leben mit unerwartetem Glück erfüllt. Konnte all das einfach so verblassen? Die Sonne geht unter, und der feuerrot lodernde Himmel versinkt im undurchdringlichen Schwarz der Nacht. War das auch mit unserer Liebe geschehen? Einfach weg? Die Nacht hatte unsere Liebe geschluckt.

* * *

Es war wohl die Neugier, die Helmut Kohl noch einmal zu mir trieb. Vermutlich hatte Ecki Seeber ihm vom Umzug erzählt und wie gemütlich und schön meine neue Wohnung geworden war. Kurze Zeit später rief Kohl an. Er sei auf der Durchreise, sagte er, und würde gern bei mir vorbeikommen. Ja klar, warum nicht. Ich wusste, warum er kam. Nicht meinetwegen, nicht aus Sehnsucht, sondern um sein Gewissen zu beruhigen. Helmut Kohl war ein Patriarch. Er musste sich davon überzeugen, dass es seinen Getreuen gut ging. Seine schützende Hand verlor man nicht, nur weil die Gefühle erkalteten. Den persönlichen Schutz entzog er nur denen, die sich gegen ihn stellten, von denen er sich verraten fühlte.

Seine Ankunft verlief so unkompliziert, wie Ecki es vorausgesagt hatte. Die Mercedes-Limousine parkte vor dem Hauseingang, der Altkanzler stieg aus und stand Sekunden später in meiner Wohnung. Ich führte ihn durch mein kleines Reich, zeigte ihm meinen Balkon und die grandiose Aussicht. Ich öffnete Türen und Schränke und schwärmte von der Heizung, die sogar bei Minusgraden eine wohlige Wärme verbreitete. Nach dem Rundgang, auf dem mir Helmut Kohl wie ein Museumsbesucher gefolgt war, tranken wir Kaffee, und ich servierte seinen geliebten Schokoladenkuchen.

»Wie geht's dir?«, fragte ich.

»Ach ja, die Menschen sind undankbar. Man will mein Lebenswerk zerstören. Wie soll's mir da gehen.«

»Ich habe gelesen, dass die Staatsanwaltschaft gegen dich ermittelt. Und du hast den Ehrenvorsitz deiner Partei abgegeben. Freiwillig, oder?«

»Ja. Darüber will ich aber jetzt nicht sprechen. Die Ära Kohl soll vernichtet werden – und das mit allen Mitteln.«

»Das tut mir leid, Helmut. Das hast du nicht verdient.« Ich stellte keine weiteren Fragen. Also saßen wir und rührten in unseren Tassen. Helmut Kohl nahm ein zweites Stück Schokoladenkuchen. Schweigend beobachtete ich, wie er die sahnigen Stücke verschlang. Ich machte mir Sorgen um seine Gesundheit. Er hatte erneut zugenommen, seine Haut wirkte fahl, die Falten hatten sich tief ins Gesicht gegraben. Er blieb nur kurz, vielleicht eine Stunde. Als er ging, umarmten wir uns wie alte Freunde.

* * *

Über die Spendenaffäre habe ich nie wieder mit Helmut Kohl geredet. Wie es mit ihm als in Ungnade gefallenem Altkanzler weiterging – darüber erfuhr ich nur noch aus Zeitungen und Zeitschriften. Ende März las ich in einem Interview mit ihm im Nachrichtenmagazin *Focus*, dass er die volle Legislaturperiode im Bundestag bleiben und danach nicht noch einmal kandidieren werde. Das Mandat als Abgeordneter brauche er, um im Untersuchungsausschuss nicht schutzlos zu sein. »Dieser Untersuchungsausschuss richtet sich ganz eindeutig gegen mich, meine Person und meine Politik und hat eindeutig zum Ziel, die Jahre zwischen 1982 und 1998, also die meiner Amtszeit als Bundeskanzler, zu diffamieren. Das Bild von Helmut Kohl soll abgewertet werden.« Er werde im Untersuchungsausschuss aussagen, kündigte er im Interview an. »Schließlich habe ich kein Wort von dem zurückzunehmen, was ich von Anfang an gesagt habe.« Es gebe »Zeitgenossen – nicht nur in der Fraktion –, die früher nicht nah genug bei mir sein konnten und für die es jetzt, da meine Zeit vorbei ist, eben nicht mehr schick ist, bei uns mit mir gesehen zu werden. Früher hat man den Hut gar nicht tief genug ziehen können und heute wechselt man die Straßenseite, nur um nicht Grüß Gott sagen zu müssen.«

Die alten Klagen, dachte ich. Seine sture Haltung, sich als unschuldig Verfolgten zu stilisieren, irritierte mich. Ich erkannte den geliebten Mann kaum noch wieder. Verliebt hatte ich mich in einen Kämpfer. Nun hörte ich einen zutiefst beleidigten und uneinsichtigen Politiker sprechen. Er erschien mir wie ein Herrscher, der vom Thron gefallen war und seinen Absturz nicht wahrhaben will.

Mehrmals las ich im Interview die Stelle, in der er über seinen ursprünglichen Plan sprach, 1998 nicht noch einmal als Bundeskanzlerkandidat anzutreten. Nach der verlorenen Wahl habe er zu seiner Familie und zu Freunden gesagt, dass er definitiv nicht noch einmal antreten werde. »Die Debatte ist sogar noch ein bisschen älter«, fuhr Kohl im Interview fort. »Wenn ich 1997 – was ich ja ursprünglich vorhatte – das Amt des Bundeskanzlers an Wolfgang Schäuble übergeben hätte, hätte ich schon 1998 nicht mehr für den Bundestag kandidiert.« Warum aus seiner Freundschaft zu Wolfgang Schäuble plötzlich Feindschaft geworden war, erklärte Kohl nicht. »Dazu werde ich öffentlich nichts sagen. Nur so viel: Ich bedauere, dass unser Verhältnis eine solche Entwicklung genommen hat.«

Ich erinnerte mich an den denkwürdigen Abend, als Helmut Kohl mir den Grund für seine Enttäuschung über den Freund erzählte. Schäuble habe Geld von Waffenhändler Schreiber angenommen, sagte er damals. Seitdem war viel geschehen: Kohl selbst war in den Strudel der Parteispendenaffäre geraten. Ein Konstrukt von schwarzen Kassen war aufgedeckt worden. Auf Geheiß Kohls war dieses Geld an Landes- und Ortsverbände geflossen – kleine, freundliche Gesten, die seine Macht sichern sollten.

Ich las alles über die Spendenaffäre; alle Artikel, Interviews und Kommentare, die ich in der Presse fand. Viele Dinge erkannte ich wieder, bei manchen Informationen wusste ich, dass sie falsch waren. Manchmal erkannte ich das Spiel der Intrigen, und oft hörte ich im Fernsehen einem Politiker zu und wusste, dass er log.

Politischen Diskussionen in meinem Freundeskreis wich ich in dieser Zeit aus. Ich wollte nicht hineingerissen werden in die Spekulationen und Verdächtigungen, vor allem aber wollte ich mir ersparen, mir abfällige Meinungen über Helmut Kohl anhören zu müssen. Ich liebte diesen Mann noch immer. Ich hätte es nicht ertragen, meine Freunde verächtlich über ihn reden zu hören. Niemals hätte ich schweigend zuhören können. Also stand ich lieber vom Tisch auf und verließ den Raum, sobald eine politische Diskussion aufkam. Und das passierte ziemlich oft.

* * *

Anfang 2000 traf mich ein weiterer Schicksalsschlag. Wie mir eine Astrologin, bei der ich ab und zu Rat suchte, prophezeit hatte, vollendete sich meine ausgewachsene Lebenskrise mit einem dritten Drama. »Sie verlieren ihre Wohnung, ihren Mann und ihren Job«, hatte die Sternendeuterin mir vorhergesagt. Meine zugige Wohnung war bereits weg – glücklicherweise. Den Mann hatte ich inzwischen auch fast vollständig verloren. Der dritte Schicksalsschlag, der noch ausstand, betraf meine Agentur. Bereits 1999 hatte ich mich entschlossen, einen Geschäftspartner aufzunehmen. Ich wollte die Hälfte meiner Firmenanteile verkaufen und meine Verantwortung für das Unternehmen teilen. Also bat ich meine Hausbank, die Dresdner Bank, nach einem Investor Ausschau zu halten. Es dauerte nicht lang, da präsentierte mir mein Banker einen Interessenten, den Vorstandsvorsitzenden eines Telekommunikationsunternehmens, das 2001 einen Insolvenzantrag stellen sollte und schließlich an eine Investorengruppe verkauft wurde.

1999 hatte ich Helmut Kohl gebeten, diesen Mann überprüfen zu lassen. Der sei in Ordnung, sagte mir Kohl wenige Tage später, also unterschrieb ich einen Vertrag über den Verkauf von 51 Prozent der Anteile an meiner Modelagentur. Der Kaufpreis sollte ein Jahr später fließen, berechnet mit folgender Formel: Höhe des Umsatzes mal Faktor fünf. Ich blieb Geschäftsführerin. Schon bald bemerkte ich, welch massiven Fehler ich begangen hatte. Mein Geschäftspartner ließ mich hängen, ich konnte die Miete und meine Angestellten nicht mehr bezahlen. Schweren Herzens entschloss ich mich zu einem radikalen Schnitt. Ich schloss die Agentur und liquidierte die Firma. Wenige Tage zuvor wollte mir der Quelle-Konzern einen Großauftrag erteilen: 22 Models sollten gebucht werden. Jahrelang hatte ich mich bemüht, Quelle als Kunden zu gewinnen. Nun hatte ich den Konzern – aber leider keine Firma mehr.

* * *

Noch zweimal sollte mich Helmut Kohl in Falkenstein besuchen. Einmal kam er im Juni – wieder einmal auf Durchreise –, nachdem mein Hund Tessy fünf Welpen geworfen hatte, einer davon kam tot auf die Welt. Die bezaubernden Babys waren in jener Zeit meine ganze Freude. Auch Helmut Kohl war schockverliebt in die süße Brut. Er schob seinen Stuhl ganz nah an das Hundekörbchen heran und beugte seinen massigen Oberkörper weit nach vorn, um mit der Hand die kleinen Hunde streicheln zu können – eine Übung, die ihn physisch fast überforderte. Die Welpen tapsten sofort auf den Spielgefährten zu. Die beiden Mutigsten versuchten, seine großen schwarzen Schuhe zu erklimmen, rutschten aber immer wieder am glatten Leder ab und plumpsten auf die Nasen. Ein anderer knapperte an Kohls Daumen. »Mein Gott sind die süß«, schwärmte Kohl und hob den kleinen Kerl vom Boden hoch. Er streichelte das weiche Feld und strahlte. »Willst du die alle behalten?«

»Nein, nur einen. Die anderen sind schon versprochen.«

»Am liebsten würde ich auch einen nehmen.« Kohl schaute den Auserwählten, der sich inzwischen auf seinem Schoß in Schlafposition gerollt hatte, ganz verliebt an und zupfte ihn an den kleinen Ohren.

»Dann nimm ihn doch. Ein Welpe ist noch frei. Den wollte ich eigentlich behalten, aber wenn du ihn willst, bekommst du ihn. Ich würde mich freuen.«

»Nein, nein.« Helmut Kohl hob den Winzling mit seinen großen Händen vom Schoß und legte ihn zu seiner Mutter. »Das geht leider nicht.«

* * *

Einige Wochen später rief Kohl an, um mich um Rat zu fragen. Boris Jelzin, der bis 1999 russischer Präsident gewesen war, kam nach Frankfurt, um auf der Buchmesse seine Memoiren vorzustellen. Kohl wollte den Russen zum Essen einladen. »Meinst du, das Restaurant in deinem Hotel wäre eine gute Wahl?«, fragte er mich. »Von dort kann man doch auf Frankfurt schauen, oder?«

»Bei klarem Wetter reicht die Sicht bis in den Odenwald«, sagte ich. Ich versprach, mich zu kümmern, und informierte noch am gleichen Tag den Hotelier Dr. Bernhard große Broermann über Kohls Idee.

Der Ausflug der beiden ehemaligen Staatsmänner in den Taunus fand Ende September statt. Ecki fuhr mit der gepanzerten Limousine vor, Kohl und Jelzin stiegen aus. Am Hoteleingang hatte sich natürlich ein Empfangskommando versammelt: Broermann und der Hoteldirektor sowie einige andere Männer, die ich nicht kannte. Ich stand abseits und beobachtete die Ankunft. Plötzlich drehte sich der Hotelier um und hielt nach mir Ausschau. »Frau Herbold, wo sind Sie denn?«, rief mir Dr. Broermann zu. »Kommen Sie her, kommen Sie in unsere Runde.« Er nahm mich am Arm und zog mich an seine Seite. »Sie gehören doch dazu, Sie haben das doch alles eingefädelt«, sagte er.

Kohl und Jelzin begrüßten jeden mit Handschlag. Auch mich. Helmut Kohl schaute mir kurz in die Augen. Er nannte mich »Frau Herbold«.

Dann ging die kleine Gruppe ins Gourmet-Restaurant. Die Türen schlossen sich. »Lass uns auch was essen«, schlug ich Ecki vor. »Ja, das hat der Chef auch gesagt, wir beide sollen was essen.«

Ecki Seeber und ich setzten uns in die Hotelbar und plauderten. »Jelzin ist fast so große wie der Chef«, staunte ich.

»Ja, die beiden kennen sich auch gut, sie waren sogar schon zusammen in der Sauna.« Ich erinnerte mich, was Kohl mir erzählt hatte. Boris Jelzin hatte er immer eine »ehrliche Haut« genannt, er mochte ihn viel lieber als dessen Vorgänger Michail Gorbatschow, den Kohl natürlich ebenfalls gut kannte. Mit ihm hatte er 1990 die Bedingungen für die deutsche Wiedervereinigung verhandelt. Im Kaukasus, in der Heimatregion des russischen Präsidenten, entstand damals dieses legendäre Foto, auf dem Gorbatschow, Kohl und Hans-Dietrich Genscher, damals deutscher Außenminister, auf einer Sitzgruppe aus dicken Baumstämmen sitzen. Und Kohl trug die Strickjacke, die heute zusammen mit der Sitzgruppe im Bonner Haus der Geschichte ausgestellt ist. Jeder glaubte, zwischen Kohl und Gorbatschow hätten sich eine Freundschaft und ein tiefes Vertrauensverhältnis entwickelt. Mir hatte Kohl mehrmals erzählt, dass er Jelzin für den ehrlicheren und aufrichtigeren hielt und ihm mehr vertraute als Gorbatschow.

»In Russland schlagen sie sich in der Sauna gegenseitig mit Birkenzweigen auf den Rücken, weil das die Durchblutung fördere«, sagte Ecki. Ah, Helmut Kohl hatte seinem Sauna-Kamerad Ecki Seeber also auch vom harten russischen Sauna-Ritual erzählt.

»Das wäre nichts für mich«, erwiderte ich lachend. »Nach jedem Saunagang trinken sie ja auch noch Wodka. Das ist ja noch härter als deine legendären Schnapsaufgüsse in Hofgastein«, neckte ich Ecki. Ich erzählte ihm aber nicht, was ich auch von Helmut Kohl wusste: Jelzin, den alle Welt für einen geübten Trinker hielt, sei nach ein paar Gläsern Wodka immer schon ziemlich beschwipst gewesen. Er vertrage nicht viel, hatte Kohl mir einmal erzählt. Er habe ihn »locker unter den Tisch trinken« können. Und dabei trank Kohl kaum Hochprozentiges. Natürlich liebte er zum Essen seinen geliebten Wein aus der Pfalz, auch gern einen Eiswein zum Dessert, aber Schnaps habe ich ihn ganz selten trinken gesehen.

* * *

Einige Tage nach dem Mittagessen mit Jelzin rief Helmut Kohl erneut an. Er wolle sich bedanken, sagte er. Alles habe großartig geklappt, das Essen habe sehr gut geschmeckt, und der Service sei hervorragend gewesen. Jelzin habe sich sehr begeistert gezeigt. Er würde gern vorbeikommen und mir ein kleines Geschenk bringen, kündigte Helmut Kohl an. Ob ich denn die Hunde noch habe – die würde er auch gern sehen. Ich hatte noch drei: meine Tessy und zwei ihrer Babys, die inzwischen zu kräftigen kleinen Rackern herangewachsen waren.

Helmut Kohl kam und wuchtete eine große Holzkiste auf meinen Esstisch: »Das ist ein Geschenk von Jelzin. Ich möchte es dir gern schenken – als Dankeschön.«

Ich öffnete vorsichtig die aufwendig lackierte Kiste, neugierig darauf, welche Überraschung sich unter dem Deckel verbergen würde. Mein Blick fiel auf eine dunkelrote Samtauskleidung, in deren Vertiefung zwei Kerzenleuchter ruhten. Wie in einem Sarkophag, schoss es mir durch den Kopf. Ich hob einen der Leuchter heraus: Er war tonnenschwer, goldglänzend und zu allem Überfluss auch noch rokokoartig verschnörkelt und verziert. Ehrlich gesagt, waren die Dinger unbeschreiblich hässlich.

Ich stellte die russischen Kunstwerke auf meinen Tisch – und versuchte, meine Verachtung hinter einem neutralen Gesichtsausdruck zu verbergen. »Die sind sehr, sehr wertvoll«, verkündete Helmut Kohl mit feierlicher Stimme. »Das ist alles aus echtem Gold. Das ist das Wertvollste, was du je in deiner Wohnung stehen hattest.« Ich bedankte mich artig.

* * *

Jahre später, ich lebte schon in Berlin und hatte die grässlichen Kerzenständer bei zwei weiteren Umzügen mitgeschleppt, entschied ich mich, sie aus dem Keller zu verbannen und zu verkaufen. Auch die Kiste hatte ich aufgehoben. Also drapierte ich die Dinger im pompösen Samtbett und marschierte zu einem Antiquitätenhändler am Ku'damm, einem Spezialisten für russische Antiquitäten. Ich präsentierte ihm meine Stücke und pries sie mit den gleichen euphorischen Worten an wie damals Helmut Kohl. »Die sind sehr wertvoll«, sagte ich. »Das ist reines Gold.«

Der Händler hob eines der beiden Ungetüme hoch, drehte und wendete es, kratzte am Stiel, klopfte gegen das Metall – und schüttelte bedauernd den Kopf. »Das tut mir sehr leid, meine Dame«, sagte der vornehme Herr. »Aber das ist kein Gold. Das ist eindeutig Messing.«

Wie schade! Ich hatte mir ein kleines Vermögen für das Jelzin-Geschenk erhofft. Das Geschäft verließ ich mit einem netten kleinen Taschengeld.

* * *

Ich hob die scheußlichen Kerzenleuchter von meinem Esstisch und stellte sie auf den Fußboden. Ich hatte Kuchen gebacken für Helmut Kohls Besuch. Als ich die Platte aus der Küche holte, sagte Kohl: »Ich habe gar keine Zeit, schenk mir bitte nur eine Tasse Kaffee ein.« Natürlich legte ich ihm trotzdem ein Stückchen auf den Teller. Er verzichtete doch nie auf Kuchen! Aber er rührte mein Werk nicht an.

Kohl saß auf seinem Stuhl, trank Kaffee und schaute ständig auf seine Armbanduhr. »Geht's den Hunden gut?«, fragte er. Ja sicher ging es ihnen gut. Sie waren gesund und munter. Das sah man.

Dann schwiegen wir wieder. Keiner wusste, worüber wir reden sollten. Ich hätte ihn gern gefragt, wie es ihm geht – wirklich geht – und was er macht. Er würde mir keine ehrliche Antwort geben, dachte ich. Also ließ ich es.

Kohl schaute auf die Uhr. Schon wieder. »Ach, was ich dir noch sagen wollte. Ich konnte nicht verhindern, dass du überwacht wurdest.«

»Was meinst du?«

»Naja, wer dem Bundeskanzler nahesteht, in welcher Beziehung auch immer, wird überprüft.«

Ich erwiderte nichts darauf. Es war nicht mehr wichtig. Aber ich erinnerte mich, wie ein Armee-Hubschrauber unablässig über mir kreiste, als ich vergangenes Jahr im Mauritius-Urlaub Wasserski fuhr. Ich hatte mich verfolgt gefühlt. Gehörte diese James-Bond-Aktion damals auch zu meiner Überwachung, fragte ich mich nun. Und warum? Welche Gefahren sollten von mir ausgehen – ausgerechnet von mir, einer jungen Frau, die im Modelgeschäft arbeitete? Vermutlich wollte der Sicherheitsdienst wissen, mit wem ich mich im Ausland treffe oder wer sich in mein Vertrauen schleichen könnte. Bizarre Spionagefälle füllten Krimis und Hollywoodfilme, und natürlich zogen diese Geschichten ihren Stoff aus der Realität. Aber ich konnte mir auch vorstellen, dass Helmut Kohl meine Überwachung durchaus recht war. So wusste er wenigstens, was ich im Urlaub tue und dass ich ihm nicht verloren gehe.

Helmut Kohl schwieg. Ich beobachtete ihn. Wie er dasaß – unruhig und ungeduldig. Fast spürte ich Mitleid. Er würde gern gehen, dachte ich. Warum steht er nicht auf und erfindet eine höfliche Ausrede? Oder will er mir etwas sagen, will er mir verkünden, dass Schluss ist zwischen uns, dass es keinen Zweck mehr hat? Findet er den Anfang nicht für eine letzte Ansprache an mich? Ein Politiker, der nicht die richtigen Worte findet, um seinem geduldigen Volk eine Botschaft zu verkünden. Ich musste fast lächeln über diese anrührende Hilflosigkeit. Wir waren beide erwachsene und selbstbewusste Menschen. Wir hatten zehn fantastische Jahre miteinander verbracht, uns aus tiefstem Herzen geliebt und jeden Moment genossen. Und nun war es vorbei. Unsere Zeit war abgelaufen. Wir beide wussten es. Doch keiner sprach die Wahrheit aus.

Auch ich sagte keinen Ton. Ich schenkte Kaffee nach – schweigend. Schob Zucker und Milch über den Tisch – schweigend. Mit durchgedrücktem Rückgrat und erhobenem Kinn saß ich auf meiner Stuhlkante und wartete. Worauf eigentlich? Dass das Ende unserer Liebe wie ein Fallbeil auf mich herabfiel? Auf ein Angebot, es noch einmal miteinander zu versuchen? Oder wartete ich auf den Ausbruch eines Dramas. Auf Tränen vielleicht und auf Verzweiflung?

Nichts dergleichen passierte. Kohl hob die Kaffeetasse und trank. Er schaute auf seine Uhr und räusperte sich. Ich wartete.

Dann geh doch endlich, dachte ich. Bitte geh. Ich will nicht mehr! Ich kann nicht mehr! Ich will, dass das alles ein Ende hat. All das sagte ich nicht. Aber zum ersten Mal, zum allerersten Mal formulierte ich das Ende unserer Liebe laut und deutlich in meinen Gedanken. Es war vorbei.

Endlich. Kohl erhob sich. »Ich muss«, sagte er.

»Ja sicher.« Auch ich stand auf und lief ihm voraus zur Wohnungstür. Ich drückte die Klinke herunter, öffnete die Tür und trat beiseite, um den Ausgang freizugeben.

»Ja dann, danke«, murmelte Helmut Kohl und schob sich an mir vorbei. An mir vorbei und aus meinem Leben. Am Treppenabsatz drehte er sich noch einmal um und hob die Hand.

Das war unser Abschied. Das war das letzte Mal, dass ich mit Helmut Kohl gesprochen habe.

Kapitel 16

Ein Anruf von Ecki

Ab und zu telefonierten wir. Helmut Kohl rief an. Immer rief er mich an. Meist begannen unsere Gespräche wie früher. »Was machst du gerade«, fragte er. So wie er es immer getan hatte. Dann plauderten wir ein paar Minuten. Wir redeten übers Wetter, über Alltägliches, worüber man eben so redet, wenn man sich nichts Wichtiges mehr zu sagen hat. Seine Anrufe wurden seltener mit der Zeit. Und die Gespräche wurden kürzer. Irgendwann blieben sie aus.

Kurz vor Weihnachten 2000 lag ein Päckchen vor meiner Tür, sein neuestes Buch: Helmut Kohl, Mein Tagebuch, 1998–2000. Auf dem schwarzen Cover seine Hände, die mich so oft berührt hatten. Als ich aufschlug, las ich seine mit schwarzer Tinte geschriebene Widmung: »Für Beatrice Herbold mit besten Wünschen, Dezember 2000«. Ich las die nüchternen Worte – und fühlte wenig. Kaum Sehnsucht, kaum Schmerz. Das Buch stellte ich in mein Regal. Gelesen habe ich es später.

* * *

Mein Leben nahm seinen Lauf. Ruhig und zurückgezogen lebte ich mit meinen drei Hunden in Falkenstein. Ich hatte kleinere

Jobs, ging oft spazieren, traf Freundinnen, las Bücher. So vergingen die Wochen und die Monate.

Für den 5. Juli 2001 hatte ich mich mit einer Freundin zum Frühstück verabredet. Ich freute mich auf unser Treffen, wir hatten uns lange nicht gesehen, irgendwie hatten wir uns aus den Augen verloren. Mit meinen Hunden spazierte ich den langen, aber einfachen Weg von Falkenstein nach Kronberg hinab. Ich genoss den warmen Sommermorgen, das satte Grün der Landschaft und den frischen Duft, der über dem Sommertag lag.

Nach dem Treffen beschloss ich, den Bus nach Hause zu nehmen. Es war inzwischen sehr warm geworden, und ich hatte keine Lust, den ganzen Weg bergauf zurück nach Falkenstein zu marschieren. Als ich an der Bushaltestelle stand, klingelte mein Handy. »Ecki, wie schön, dich zu hören. Wie geht's dir?« Ich freute mich. Ecki Seeber rief mich ab und zu an und erzählte mir ein paar Neuigkeiten aus seiner Welt. »Es ist lange her, dass wir telefoniert haben. Wie geht es dir und wie geht's dem Chef?«, fragte ich.

Am anderen Ende der Leitung war Schweigen. »Bist du noch da, Ecki?«

»Ja, ja, bin noch da.« Seine Stimme, die ich nun seit mehr als zehn Jahren kannte, klang seltsam fern. Still und niedergeschlagen kam mir der Mann vor, den ich immer nur mit guter Laune erlebt hatte.

»Ecki, was ist los? Ist was mit Helmut? Jetzt sag bitte. Ich spür doch, dass was nicht stimmt.« Ich wurde unruhig. Mein Herz schlug bis zum Hals. In meinem Magen breitete sich ein flaues Gefühl aus. Mein Gott, was ist passiert, dachte ich. Bitte lass nichts Schlimmes mit Helmut passiert sein!

Nach ein paar Sekunden hörte ich Eckis brüchige Stimme: »Hannelore Kohl ist tot. Sie hat sich das Leben genommen.«

»Waas?« Natürlich hatte ich seine Worte gehört, aber sie schienen keinen Sinn zu ergeben. Ich verstand nicht, was er mir sagen wollte. »Was? Sag das bitte noch mal.«

»Du hast richtig gehört: Sie hat sich das Leben genommen.«

Mir wurde schwindelig. Das Handy an mein Ohr gepresst, drehte ich mich um. Meine Beine drohten zu versagen, ich musste mich festhalten, mich irgendwo hinsetzen. Alle Bänke waren besetzt. Ich lehnte mich gegen das Wartehäuschen und versuchte, mich auf meinen Atem zu konzentrieren.

»Was ist mit dem Chef? Wie geht es Helmut?«

»Er ist am Boden zerstört.«

»Oh mein Gott, was für eine Katastrophe!« Tausend Gedanken wirbelten durch meinen Kopf. Ich sah Helmut Kohl vor mir, versuchte mir vorzustellen, wo er war, wie elend er sich fühlte, wer bei ihm war, ihn stützte und ihm Halt gab. Zum ersten Mal, seit er meine Wohnung verlassen hatte, fühlte ich mich ihm nah. Sein Verlust schmerzte mich unendlich. Ich hatte Hannelore Kohl nicht gekannt, ihr nur ein paarmal die Hand gegeben und ein paar freundliche Sätze mit ihr gewechselt. Aber ich wusste, welch immense Bedeutung sie für Helmut Kohl hatte. Sie war der Mensch, der seinen Aufstieg und seinen Fall begleitet hatte. Sie hatte ihn in jeder Phase seiner politischen Laufbahn bedingungslos unterstützt, ihm den Rücken freigehalten, sie hatte seine politischen Gäste empfangen und seine Freunde bewirtet, sich nach seinem Terminkalender gerichtet, sie hatte seine Verspätungen geduldet und seine Nichtanwesenheit als Ehemann und Vater ertragen. Hannelore Kohl hatte die beiden Söhne, auf die er so stolz war, geboren und aufgezogen, sie getröstet, wenn sie Kummer hatten, und ihre Auseinandersetzungen mit dem Vater abgefedert. All ihre eigenen Bedürfnisse, Wünsche und Träume hatte diese Frau zurückgestellt – hinter den Ehrgeiz ihres Mannes, hinter die Erfordernisse der Partei, hinter Deutschland.

Hannelore war der unverrückbare Fels der Familie Kohl gewesen. Seit ihrer Eheschließung 1960 hatte sie ihr gesamtes Dasein ihrer Aufgabe gewidmet, jeden Atemzug hatte sie für ihren Mann und ihre Kinder gelebt. Und wenn sie sich neben ihrem mächtigen Ehemann in der Öffentlichkeit zeigte, dann sah man eine elegante, weltgewandte, zurückhaltende Lady. Die Deutschen verehrten diese Frau, ohne sie wirklich zu kennen. Auch ich fühlte immer Respekt und Anerkennung ihr gegenüber. In einer seltsamen Weise hatte uns das Schicksal miteinander verbunden: Wir liebten denselben Mann. Sie, die Ehefrau, und ich, die heimliche Geliebte, waren schwesterliche Rivalinnen.

Und nun sollte Hannelore Kohl tot sein. Mit 68 Jahren. Ich konnte es nicht glauben. Ich wollte es nicht glauben. »Bist du sicher, Ecki? Ich habe nichts in den Nachrichten gehört.«

»Ich bin sicher. Hilde hat sie heute Morgen gefunden. Ich wollte Frau Kohl gestern Abend noch etwas vorbeibringen, aber sie rief mich an, dass ich erst morgen kommen soll. Es hätte Zeit, sagte sie. Leider habe ich mich überreden lassen. Vielleicht würde sie noch leben, wenn ich gestern Abend hingefahren wäre.«

Ecki Seeber klang so traurig. Es zerriss mir das Herz. »Ecki, bitte mach dir keine Vorwürfe. Du am allerwenigsten. Da müsste wohl eher ich mir Vorwürfe machen.«

Der Bus stand inzwischen an der Haltestelle. Leute stiegen ein und aus. Ich blieb stehen, wartete, bis alle Menschen weg waren, und setzte mich dann auf die leere Bank.

»Das hat nichts mit dir zu tun«, sagte Ecki. »Es war die Lichtallergie, und vor allem waren es diese verdammten Depressionen, die ihr das Leben zur Hölle gemacht haben. Und die Spendenaffäre. Die hat ihr den Rest gegeben. Die Leute haben sie auf der Straße angepöbelt und sogar angespuckt. Sie wäre eine Spendenhure, hat ihr jemand auf offener Straße zugerufen. Kannst du dir das vorstellen?«

»Ja, Ecki, ich weiß. Helmut hat es mir erzählt. Das ist alles so entsetzlich. Trotzdem hat sie immer zu Helmut gestanden.«

»Ja, das hat sie. Aber am Ende war kein Leben mehr in ihr. Den ganzen Tag im Dunkeln zu sitzen – das hält ja kein Mensch aus. Nicht mal mehr Neonlicht oder Kerzenlicht konnte sie ertragen. Das ist doch kein Leben!«

»Aber Selbstmord – was für eine schreckliche Lösung!«, sagte ich. »Wie geht es den Söhnen?«

»Ich habe es ihnen noch gar nicht gesagt«, antwortete Ecki. »Ich muss sie noch anrufen. Zuerst habe ich den Chef angerufen. Dann dich.«

»Herrje, sie wissen es noch gar nicht?« Ich schloss die Augen. Die Vorstellung, dass Ecki Seeber nun Walter und Peter Kohl anrufen musste, schnürte mir die Kehle zu. Was für eine Last, was für eine unmenschliche Aufgabe, den Söhnen, die er seit Ewigkeiten kannte, diese Botschaft überbringen zu müssen! »Ach Ecki, das tut mir alles so schrecklich leid.«

Ich weiß nicht, wie lange ich an der Haltestelle saß und wie viele Busse ich vorbeifahren ließ, bis ich mich aufraffte. Ich wollte nicht in den Bus einsteigen, zusammen mit anderen Menschen den engen Raum teilen. Ich wollte allein sein, nachdenken und mich meiner Trauer hingeben, ohne dass mich dabei jemand beobachten konnte. Also ging ich zu Fuß nach Falkenstein. Ich stieg gemächlich bergan, Tränen liefen mir über die Wangen. Meine Hunde wichen mir nicht von der Seite.

Seit Dezember, als mir Helmut Kohl den neuesten Band seiner Tagebücher zugeschickt hatte, hatten wir nicht mehr telefoniert. Ich wusste nicht, wie es ihm ergangen war, ob er wirklich nach Berlin gezogen war und ob es eine neue Frau an seiner Seite gab. Ja, die gab es sicherlich, dachte ich. Er war kein Mann, der allein blieb. Er brauchte weibliche Bewunderung und er wollte fürsorglich verwöhnt werden. Er sehnte sich nach Wärme und Nähe. Und mit seiner Frau – das hatte er mir mehrmals versichert – war »alles geregelt«. Vermutlich hatte sie von seinen Liebschaften gewusst und sich damit arrangiert, da war ich mir ziemlich sicher. Sie wusste wohl auch, dass seine wichtigen Termine an vielen Wochenenden nicht ausschließlich der Partei und der Weltpolitik galten.

»Mach dir keine Sorgen, es ist alles geregelt«, hatte Helmut Kohl immer wieder beteuert, wenn ich nachgefragt hatte. Und ein- oder zweimal hatte er angedeutet, dass es auch für seine Frau jemanden gebe. Jemanden, der wichtig für sie war. Dieser Gedanke hatte mich entlastet. Jedes Mal, wenn mich gegenüber Hannelore Kohl ein schlechtes Gewissen plagte, weil ich mit ihrem Ehemann glücklich war, habe ich mich an diese vage Vorstellung geklammert: Es gibt auch für sie jemanden, dachte ich. Ich nehme ihr den Mann nicht weg, sie ist nicht allein. Mit dieser Überzeugung schien sich mein Glück weniger gestohlen und betrügerisch anzufühlen. Mit dieser Überzeugung schuf ich mir eine Berechtigung für unsere Liebe. Ein falscher Trost, ja sicher. Eine selbstbetrügerische Beruhigung meines schlechten Gewissens. All das wusste mein Verstand in klaren Momenten. Aber was vermag der Verstand gegen ein verliebtes Herz auszurichten?

* * *

Ich schrieb Helmut Kohl einen langen Beileidsbrief. Es fiel mir schwer, die richtigen Worte zu finden. Zur Beerdigung fuhr ich mit einer gemeinsamen Freundin, einer Architektur-Professorin, die Helmut Kohl kannte und schätzte. Wir saßen in den hinteren Reihen im Dom zu Speyer. An der Beisetzung im Familiengrab auf dem Friedhof Ludwigshafen-Friesenheim nahmen wir nicht teil. Hier ruhten bereits Helmuts Eltern. Hier wollte auch er begraben werden, wie er mir einmal erzählt hatte.

Helmut Kohl sah ich an diesem Tag nur aus der Ferne. Er war tief in seinem Schmerz versunken. Das Bild dieses gebrochenen Mannes grub sich ein in mein Gehirn und in meine Seele. Es war das letzte Mal in meinem Leben, dass ich den Geliebten sah.

* * *

Die Jahre vergingen. Ich lebte mein Single-Leben, zog um nach Berlin und arbeitete in der Immobilien-Branche. Manchmal las ich etwas über Helmut Kohl; dass er schwer gestürzt war, im Rollstuhl saß und wieder geheiratete hatte. Bei seinen seltenen öffentlichen Auftritten sah ich einen von schwerer Krankheit gezeichneten, gebrechlichen Menschen. Es fiel mir schwer, den Mann wiederzuerkennen, den ich so sehr geliebt hatte.

Am 16. Juni 2017 rief mich eine Journalistin an. »Frau Herbold, haben Sie es schon gehört: Helmut Kohl ist gestorben.« Ich war zu Hause an dem Tag und hatte kein Radio laufen. Die Nachricht zog mir den Boden unter den Füßen weg.

Es waren mehr als 16 Jahre vergangen, seit ich Helmut Kohl gesehen hatte, damals bei der Beerdigung seiner Frau. Und es war noch länger her, dass wir miteinander gesprochen hatten – bei seinem letzten Besuch in meiner Wohnung in Falkenstein, als weder er noch ich es gewagt hatte, das Ende unserer Liebe auszusprechen. Wir waren auseinandergegangen wie alte Freunde – mit einer stummen Umarmung. Dennoch wussten wir beide damals, das ist der Moment, der unsere Beziehung beenden würde. Helmut Kohl verließ meine Wohnung, so wie er es hunderte Male in all den Jahren unseres Zusammenseins getan hatte. Aber dieses Mal ging er und kam nie wieder. Er ging ohne einen Abschluss. Ohne ein tröstliches »Leb wohl«, das sich Liebende wünschen, wenn sie sich in Würde trennen.

Wir hatten kein Ende. Wir hatten kein offizielles Datum, das die Dauer unserer Liebe kennzeichnen würde.

Vielleicht war das der Grund, warum mich sein Tod so erfasste. Ich fiel in eine tiefe, selbst für mich unerklärlich bleierne Trauer. Tagelang schüttelten mich plötzliche Weinattacken: Im Supermarkt an der Kasse brach ein jämmerliches Schluchzen aus mir heraus. Wenn ich mit meinen Hunden Gassi ging, liefen mir auf einmal die Tränen über die Wangen, und beim Bügeln weinte ich mir die Seele aus dem Leib – ständig überrannten mich die Gefühle und katapultierten mich in eine unbeschreibliche Hilflosigkeit. Die Schutzschicht, mit der ich mein Herz in den vergangenen Jahren eingepackt hatte, schien aufzuweichen wie ein Karton im Regen. Sein Verschwinden aus meinen Leben hatte nicht genügt. Es brauchte Helmuts Tod, um endlich zu begreifen, dass meine große Liebe vorbei war.

Im Kondolenzbuch der CDU hinterließ ich einen letzten Dank an Helmut Kohl:

Lieber Helmut,
jeder weiß, dass er irgendwann einmal gehen muss. Das ist der Lauf der Dinge. Trotzdem war es ein Schock für mich. So gerne hätte ich dich noch einmal gesehen. So gerne hätte ich noch einmal mit Dir gesprochen. Ich hätte Dir noch sehr viel zu sagen gehabt.
Danke für Dein Zuhören und Dein Zureden. Danke für Deine Kraft und Deinen Mut, von dem Du mir in all den Jahren viel abgegeben hast. Danke, dass ich mich unter Deinem Schutz stellen konnte und Deine übergroße Aura spüren durfte. Danke für Deine lange Kanzlerschaft, mit der ich erwachsen geworden bin. Danke für die Einheit Deutschlands, die ohne Dich so nicht funktioniert (vielleicht sogar nicht stattgefunden) hätte. Danke für die Einführung des Euros und das Zusammenrücken Europas.

Danke, dass ich Dich persönlich kennenlernen durfte. Danke für so viel mehr. Danke für alles!

R.I.P. Gott segne Dich.
B.E-H, Berlin, 23.06.2017

Epilog

Ein Mensch kann lange mit einem Geheimnis leben, irgendwann aber muss es erzählt werden. Weil nur dann dem Gelebten eine Bedeutung zukommt. Erinnerungen brauchen Zuhörer, um sie wahr werden zu lassen.

Ich habe lange geschwiegen, fast zwei Jahrzehnte. Niemand ahnte etwas von meiner Beziehung zum Bundeskanzler. Selbst meine beste Freundin, die den Beginn unserer Affäre mitbekommen hatte, wusste nicht, wie eng unsere Liebe später wurde. Diese Tatsache mag heute verwundern – in Zeiten, wo Prominente von jedem, der ein Handy besitzt, in der Öffentlichkeit fotografiert werden können. Heute lassen sich übers Mobiltelefon Standorte und sogar Telefonate ausspionieren. Auf Facebook, Instagram oder Twitter geben viele Menschen freiwillig preis, wo sie sich aufhalten und mit wem sie unterwegs sind. Damals war das alles undenkbar.

Die Zeit unserer Liebe war diskreter. Glücklicherweise fiel unsere Affäre in die wahrscheinlich letzte Ära, die Geheimnisse zuließ. Damals hatten Ausflüchte und Ausreden Bestand, wenn sie klug und kreativ waren. Heute lassen sie sich mit dem geringsten Aufwand widerlegen.

Trotzdem bin ich erstaunt darüber, dass wir nie enttarnt wurden. Unsere Liebe hat keinen Skandal ausgelöst. Nie wurde

Helmut Kohl, der verheiratete, konservative Machtpolitiker, als untreuer Ehemann überführt. Ich glaube, man traute ihm nicht einmal zu, dass er eine heimliche Affäre haben könnte. Sein makelloses Image blieb ohne Kratzer. Die Ehe von Hannelore und Helmut Kohl galt bis zum Tod der Kanzlergattin als im bürgerlichen Sinne vorbildlich.

Mich ließ das Ende unserer Beziehung wie eine Verlorene zurück. Ich verlor den Mann, dem ich die besten Jahre meines Lebens geschenkt hatte. Auch wenn ich in jener aufregenden Zeit das Wertvollste bekam, das eine Frau sich wünschen kann: Liebe, Aufmerksamkeit, Zärtlichkeit, Fürsorge, männliche Verehrung, Schutz, Respekt und Geborgenheit. Für Helmut Kohls Liebe brachte ich allerdings ein Opfer, das schwer wiegt. Ich verzichtete darauf, ein Kind zu haben. Schon als junges Mädchen hatte ich mir eine Familie gewünscht. Aber mein Schicksal sah es offensichtlich nicht vor, dass sich dieser Traum erfüllte: Mit meinem Mann hatte ich kein Kind bekommen. Und Helmut Kohl verbot sich als Vater meiner Kinder. Er war verheiratet, er war Bundeskanzler und Vorsitzender einer christlich-konservativen Partei – jeder einzelne dieser Gründe genügte, um meinen Kinderwunsch unmöglich erscheinen zu lassen. Dass Helmut Kohl 28 Jahre älter war als ich, sah ich damals dagegen nicht als Hindernis.

Auch wenn unsere Beziehung nie die Chance hatte, einen normalen Alltag zu leben, stürzte mich das Ende in Einsamkeit. Ich hatte den Kontakt zu vielen Freunden einschlafen lassen, um unser Geheimnis zu schützen. Damals, als alles zu Ende ging, hatte ich nicht einmal mehr eine Vertraute oder beste Freundin, bei der ich meinen Schmerz abladen konnte.

Mein größter Verlust aber war etwas anderes: Als Helmut Kohl ging, verlor ich seinen Schutz und seine Aura. Mit ihm an meiner Seite hatte ich mich sicher gefühlt im Leben. Er war mein Ratgeber, mein Gefährte, mein Wegweiser, mein Halt, meine moralische Stütze und mein Geliebter. Auch wenn er unsichtbar war für mein Umfeld – ich fühlte mich mit ihm auf das Engste verbunden. Meine Gedanken begleiteten ihn durch den Tag. Mein Herz und mein Körper gehörten ihm. Er war mein Mann – wenn auch nicht offiziell und rechtmäßig.

Ich errichtete Mauern um meine Seele und zog eine Schutzhülle um mein Herz, um mich gegen emotionale Verletzungen zu wappnen. Und auch wenn ich fast immer fröhlich und ausgeglichen wirkte – ich war es nicht. Ich erlebte viele schwarze Momente nach unserer Trennung. Und es sollte Jahre dauern, bis ich wieder einen lebensbejahenden Rhythmus gefunden hatte.

Im März 2016 rief mich ein Redakteur der Illustrierten *BUNTE* an. Er war der Erste, der mich auf meine Affäre mit Helmut Kohl ansprach. Er wisse aus »sicherer Quelle«, sagte er, dass ich jahrelang die Geliebte des Bundeskanzlers gewesen sei. Er wollte ein Interview. Anfangs stritt ich ab, erkannte aber schnell, dass Leugnen keinen Sinn hatte. Er wusste es wirklich. Ich dachte an Helmut Kohls Worte: Niemals würde es jemand wagen, ihn auf mögliche Gerüchte über eine Affäre anzusprechen, hatte er mir mehrmals versichert. Nun konfrontierte man mich mit der Tatsache, die ich nicht abstreiten konnte.

Ein paar schlaflose Wochen dachte ich nach, dann entschloss ich mich, *BUNTE* ein Interview über meine Liebe zu Helmut Kohl zu geben. Die Zeit war offensichtlich gekommen. Die Wahrheit musste erzählt werden. Ich musste sie erzählen.

Den Tag, als die *BUNTE* mit der Titelgeschichte »Ich war die heimliche Liebe von Helmut Kohl« erschien, werde ich nie vergessen. Der Postbote hatte wieder einmal meinen Briefkasten nicht gefunden, um mein Exemplar der Zeitschrift einzuwerfen, das mir die Redaktion vorab geschickt hatte. Also ging ich am Donnerstag los, um mir am Kiosk ein Heft zu kaufen, aber an beiden Kiosken in meiner Nähe war die *BUNTE* bereits ausverkauft. Ich musste also in den Supermarkt gehen. Mit Mütze und Sonnenbrille stand ich an der Kasse, zusammen mit Brot, Schokolade und Hundefutter hatte ich die Zeitschrift aufs Band gelegt – verkehrt herum natürlich. Als die Kassiererin den Strichcode scannte, hielt ich den Atem an. Hoffentlich erkennt mich keiner!

Die nächsten Tage stand mein Telefon kaum still. Freunde riefen an – einige neugierig, andere sensationslüstern. Manch einer war beleidigt, weil ich ihn nicht ins Vertrauen gezogen hatte. Beim Bäcker, im Café, bei meinem Lieblingsitaliener – überall eine ähnliche Reaktion: Sind Sie nicht ...? Bis auf ganz wenige Ausnahmen reagierten die Menschen freundlich und verständnisvoll. Wenn Fragen kamen, dann meist von Frauen. Und diejenigen, die es wagten, sprachen an, was viele offensichtlich nicht verstehen konnten: »Der Kohl, der war doch so ...«, sagten sie und deuteten mit ausgebreiteten Armen an, was sie aus Höflichkeit nicht aussprechen wollten. Ob das nicht irgendwie ... naja, ob wir auch »wirklich, also so richtig zusammen gewesen seien?«

Ja, das waren wir. Selbstbewusst fügte ich gern hinzu, was der Wahrheit entsprach: »Er war der zärtlichste Mann meines Lebens.« Nie hatte ich auch nur einen Augenblick Zweifel an der Attraktivität meines Liebsten. In meinen Augen war er ein schöner Mann: stattlich, groß, klug, humorvoll, fürsorglich, liebevoll, aufmerksam, großzügig, charmant ... noch immer fallen mir Dutzende schmeichelhafte Adjektive ein, die ihn beschreiben. Allen, die nicht verstehen, was Liebe vermag, möchte ich mit der griechischen Dichterin Sappho antworten: »Ich aber sage, das Schönste ist, was einer liebt.«

Für mich bedeutete das Interview in *BUNTE* eine Befreiung. Die Last des Schweigens war von mir gefallen. Und plötzlich war die Zeit reif für dieses Buch.

* * *

Diese Geschichte ist wahr. Ich habe sie in aller Wahrhaftigkeit erzählt, die Erinnerungen zulassen.

Berlin, im Sommer 2019

Register